好爸爸

成就

好孩子

HAOBABA
CHENGJIU HAOHAIZI

郑连根　著

齐鲁书社

图书在版编目（CIP）数据

好爸爸成就好孩子／郑连根著．—济南：齐鲁书社，
2016.10 （2018.8 重印）
ISBN 978 - 7 - 5333 - 3636 - 3

Ⅰ．①好… Ⅱ．①郑… Ⅲ．①家庭教育 Ⅳ．① G78

中国版本图书馆 CIP 数据核字（2016）第 229954 号

好爸爸成就好孩子

郑连根 著

主管单位	山东出版传媒股份有限公司
出版发行	齊魯書社
社　　址	济南市英雄山路189号
邮　　编	250002
网　　址	www.qlss.com.cn
电子邮箱	qilupress@126.com
营销中心	（0531）82098521　82098519
印　　刷	山东德州新华印务有限责任公司
开　　本	890mm×1270mm　1/32
印　　张	8.125
插　　页	2
字　　数	155千
版　　次	2016年10月第1版
印　　次	2018年8月第2次印刷
印　　数	5001—7000
标准书号	ISBN 978 - 7 - 5333 - 3636 - 3
定　　价	**35.00**元

（序言）

读懂孩子这本"书"

王文杰

连根是个文史学者，写过数本文史方面的书。当听说他辞职在家专心读书写书带娃后，我约他在报纸育儿版开专栏。他一口应允，这专栏一写就是三年多，成就了这本书。

连根是个读书人，读过的书不计其数。当孩子这本书来到他面前时，他认真、饶有兴趣、真诚地读，并为读懂"此书"读了更多的书，做了更多的功课。他说，读"孩子"这本书给他带来的收获超过世上任何一本书。

每个孩子都是一本好书，需要父母耐心静读，反复思考、实践、品味。

辞职没多久，儿子就上小学了。连根承担起了接送儿子上学放学的任务，由于妻子上班离家远，中午不能回来，他担起了中午、晚上给儿子做饭的任务，可谓真正的"超级奶爸"。在日复一日的"陪伴"中，连根不嫌琐碎，而是一猛子扎下去，倾心陪伴，耐心相教，在文史之外，又研究起一门学问：教育孩子。

从儿子 4 岁开始，连根给他讲读《论语》《大学》《中庸》《孟子》《道德经》等传统经典。尽管给成人写过传统文化的书，也给成人上过课，但是，给儿童讲，让儿童有兴趣听得懂，是一个新的挑战。在这个过程中，教学相长，连根探寻着教子之道。

如今，9 岁的儿子是个"读书迷"，读了许多军事、物理、天文方面的书，成了一个小书迷，阅读量大，写作能力也很强，智商情商均不错。

生活是最好的教科书，在孩子成长的过程中，有许许多多的课题要解决，连根和妻子直面这些课题，倾听孩子，深度思考，用智慧去化解孩子成长中遇到的问题。

由于有着深厚的传统文化功底，还钻研佛学，连根的思想是通达的，对教育有着深刻独到的理解，因此，当面对孩子的教育时，大多数时候是得心应手的。他和妻子享受这个过程，也认真地"悦读"这本书，共同探讨这本书。儿子成长中的许多故事以及带给他的思考和感悟，成了专栏中的一篇篇文章。

撰写专栏的过程中，连根读了不少中外教育名著，丰富了自己教育的知识和理论，写着写着，把自己写成了育儿专家。

开专栏三年来，他吸引了一大批粉丝，很多读者每期必读。连根的很多思考和主张成为他们的教育信条。这几年，我多次邀请他到我主持的好父母读书会和成功父母大讲堂跟家长分享交流，受到家长们的欢迎。

连根有深厚的文史和国学功底，还有媒体人的敏锐犀利深刻，因此，他的很多分析和思考都切中当下家庭教育的热点和要点，能为在家庭教育中迷惘、困惑的人拨开迷雾，看到教育的真相。

这本书里有教育观，有方法，有思考，还有感悟心得。

比如，《让孩子爱上读书》《"一门深入"胜过泛泛而学》《让孩子做家务的深意》《以"出家标准"培养孩子》等都是源于自己教子实践的教育观。《作文是个多大的事》《学国学，先"收心"》教给家长一些引导孩子学习的方法。《择校择什么》《焦虑是万错之源》《舌尖上的节制》等则直击教育时弊，帮助家长看清教育现状和教育真谛。《一以贯之的五种能力》《多年父子成兄弟》《做奶爸也是一项事业》则是做超级奶爸的感悟心得。

父母最大的智慧是做个平和安静、不焦不躁的人，这正是当今父母最缺少的一点。熟读并研究中国传统文化和教育经典的连根对此看得比较明白，把他的观察、体验、参悟渗透在这本书中。

教育孩子的第一要事，是建立正确的教育观，观点正确，内心淡定，有定力了，就知道该如何引领孩子，不会盲从与跟风。

综观中国目前的家教类图书，不少是养儿育女的感悟体会，但是，从文章到出书，大多数是妈妈写的，爸爸写的不多。因此阴柔多一些，阳刚稍显不足。这本书可以弥补此不足。这是一本非常有力量的书！

好爸爸陪伴　好孩子成长

郑连根

　　校读完《好爸爸成就好孩子》这部书稿之后，我有一种异常的感觉——这些文字当然是自己写下的，但如今一口气读完却又于似曾相识中有了一份陌生之感。恍惚之间，心底似有一个声音：我还写过这些文章？我对教育问题竟然有过这样的认识？

　　这种陌生之感算不算是一种小小的惊喜呢？我不敢确定。我能确定的是，重读自己写下的这些文字，我仍颇有收获。我在阅读他人的书籍时收获多多，这一点毫无疑问，可在校对自己的书稿时还感到有收获，这却是第一次。

　　是的，第一次。我以前出过好几本书，校对那些书稿的时候，我的内心体验跟这次绝对不一样。

　　对于作者而言，每一本书都算是自己的一个"孩子"。但这个"孩子"似乎与别的孩子有点不一样。

　　原因或许是：这本书跟我和儿子的生命成长密切相关。它是在我和儿子现实互动的基础上才生发出的文字，它和

1

儿子的真实成长密切相关，它也与我的奶爸经历密切相关，它是我的教子心得，它是我一段生命状态的文字确认，它是我对生命教育与生命成长所进行的思考的一种文字聚焦与理念定格。

这本书的名字叫《好爸爸成就好孩子》，但这并不意味着我的儿子就是一个完美的"好孩子"，更不意味着我就是一个标准的"好爸爸"。实际上根本就不存在统一标准、统一制式的"好孩子"与"好爸爸"。百花齐放，每株盛开的花朵都有它独特的美。同样道理，每一个"好爸爸"和"好孩子"都有他们各自不同的"好"。

不过，托尔斯泰说过："幸福的家庭都是相似的，不幸的家庭各有各的不幸。"依照这种说法，我们也确实可对"好爸爸"与"好孩子"做一番描述——

好爸爸不一定非得要做高官，但好爸爸一定要有从容平和的好心态；好爸爸不一定非得要发多大的财，但好爸爸一定要肯于拿出时间和精力来关注孩子、教育孩子；好爸爸不一定非得是学富五车、功成名就的成功人士，但好爸爸一定要勤于学习，与时俱进；好爸爸不一定非得是道德楷模，但好爸爸也一定不能是渣男；好爸爸不一定非得高大威猛，但好爸爸一定要有责任感和宽广的胸怀……概括地说，好爸爸的核心指标是有好心态和好状态，好心态指导之下会有好状态，好状态也会强化好心态，二者良性互动。

那么，好孩子呢？好孩子不一定次次都考满分，每个学期都得"三好"，但好孩子一定好学上进；好孩子不一定处处"听话"，方方面面都很"乖"，但好孩子一定能与家长形成良性互动，情绪越来越稳定；好孩子不一定非得多才多艺，但好孩子一定会有自己的爱好与特长；好孩子不一定非得获得许多奖状，让家长特有面子，但好孩子一定要有同情心和好奇心……概括地说，好孩子的核心指标是，既有好智商，又有好情商。

"好爸爸"的标准是家长努力的方向，"好孩子"的标准是孩子成长的方向。这本书的书名，与其说是一种现实陈述，不如说是一种期许与祝福。

解释完书名，我还想就当下家庭教育中的一些普遍问题谈谈自己的看法。当前，家长们容易犯的错误有哪些？

第一便是心态浮躁，功利心太强。一些家长"望子成龙，望女成凤"，急躁的心态之下，他们紧紧地盯着孩子的每一次考试成绩，他们把过度的精力用在了对孩子的催逼之上，而忽略自身的学习与进步。家长自己不学习，不进步，教育孩子就很难得法、得当。没有哪一份工作比做父母有更全面的道德要求，没有哪一份工作比做父母有更全面的能力要求，没有哪一份工作比做父母有更多的耐心要求，也没有哪一份工作比做父母有更多的学习要求……要想做好父母，要求如此之多，当家长的不学习，不进步，怎么可以？

其次，就是在物质上对孩子过度满足，在精神上又对孩子过度疏忽甚至是放纵。之所以会出现这种情况，也跟当今时代有一定关系。中国经过三十多年的改革开放，人们的生活水平提高了，绝大多数的人都过上了衣食无忧的生活，这让很多家长有条件有能力向孩子提供了过度物质满足，再加上一些父母没好好学习育儿之道，不懂得节制，遂花钱给孩子买了过多的"好东西"。结果，孩子享受"好东西"太多，反而造成了坏结果。饮食太多，造成了不少小孩营养过剩，成了小胖墩；照顾过度，压缩了孩子独立成长的空间。在精神方面，现在的孩子是互联网时代的"原住民"，他们接触信息的渠道远比上一代人多得多，他们所承受的心理压力也比上一代人大得多，他们心智成长的需要也比上一代人更为迫切。凡此种种，都需要家长们与时俱进，及时与孩子进行良性的情感互动、精神交流乃至心理疏导。可是，不少家长根本就没意识到这个问题。他们简单地认为，我生了你，养了你，给你吃好的穿好的，你还不给我好好学习？于是，他们在过度满足孩子物质需求的同时，也对孩子的学习成绩提出了过度要求。而过度要求则会破坏亲子关系，有时甚至还会造成拔苗助长的恶果。一些中小学生的家长经常吐槽自己的孩子"不爱学习""作业拖拉""贪玩""不听话""学习成绩差"等。孩子真如家长说的那样不堪吗？实际情况并非如此。大多数的孩子并没有那么差，而是他们的父母苛求完美，不顾实际地给了孩子"差评"。

第三，爸爸在家庭教育中的缺席。教育学和心理学的研究都表明，若孩子在成长的过程中长期处于"爸爸缺失"的状态，那么他就容易形成多愁善感、性格懦弱、胆小怕事、性格孤僻以及自卑等弱点。因此，爸爸是否愿意拿出时间和精力来陪伴孩子、教育孩子就显得非常重要。可是，现在的一些爸爸，他们常常忙于应酬，很少参与到教子活动之中。爸爸与孩子的亲子互动严重缺乏，这非常不利于孩子的健康成长。我做过几次有关家庭教育的讲座，听众绝大多数都是女士，偶有几个男士的身影点缀其中，我便提议大家为这几个男士鼓掌——他们肯于在教育孩子的问题上投入时间和精力，这样的爸爸越多，孩子的未来就越美好。

最后，说一下这本书的缘起。自2014年起，王文杰老师就邀请我在《山东商报·教育版》上写教子专栏"奶爸论道"，最初一周一篇，后来两周一篇，结果一写就写到现在。在这个过程中，我除了写自己的教子心得，还特地阅读了一些教育学、心理学方面的书籍。所以，我写专栏的过程也是一个不断学习、不断提升自己的过程。这本书能出版面世，首先就要感谢王文杰老师的约稿，若没有她的约稿和鼓励，那我根本不会有意识地写这些文章。

文章结集成书后，齐鲁书社能看中并决定出版，于我也是一种"惊喜"。更难得的是，齐鲁书社大众图书出版中心主任许允龙先生亲任此书的责任编辑，并提出了许多好建议，这更让我心生感动。许允龙先生此前曾编辑过我写的三本书（《兼容并蓄长者风——蔡元培》《春秋范儿》《战国派儿》），这本书已经是我们的第四次合作了。我们早已超越了编辑和作者的关系，成了很好的朋友。

当然，我儿子对此书的出版也有不可忽略的"功劳"，若不是以奶爸的身份带他、教他，我对家庭教育问题就不会有如此真切的体悟，也写不出这本书。儿子出生后，曾放在老家由姥姥姥爷抚养两年。他回到我和妻子身边时还是一个刚会说话的儿童，妻子读书给他听，后来我给他讲书，带着他背书。七八年的时间过去，儿子已由一个咿呀学语的儿童长成了体格健壮、伶牙俐齿的少年。在陪伴他成长的这个过程中，我和妻子当然有辛苦的付出，但我们从他的成长中得到的惊喜更多。所以，我也要借本书出版之际感谢儿子。祝儿子继续茁壮成长，也祝所有的孩子都有一个幸福的家庭，一个美好的未来。

目录

**第三章
情 商**

**第四章
陪 伴**

第五章 策略

第六章 取舍

**第七章
借　鉴**

**第八章
自　省**

第一章

惊 喜

　　父母和孩子之间的关系，应该是教学相长、互相滋养、互相成就的关系。

　　惊喜既是家庭教育的某一阶段性成果，同时亦是导致亲子关系良性互动的重要动力，它是果，同时也是因。

　　我和妻子教儿子的付出经常会得到意外的惊喜：我们没想到他那么早就认识了那么多的字；没想到他竟有那么强的阅读能力；没想到他竟然会对科普、科幻作品产生那么浓厚的兴趣；没想到他的第一篇作文竟然"出手不凡"……

　　古人讲："至乐莫如读书，至要莫如教子。"诚哉斯言，教育孩子绝对是一项回报率极高的投入。家长的每一份正确付出，都会获得超值的惊喜。

教孩子认字有多难

对小学生而言，识字阅读可以说是一项基础性本领，因为只有具备了一定的阅读能力，才能进一步学习更多的知识。如果孩子的识字量不足，阅读文字有障碍，那一定会影响他的学习效率。

那么，教孩子认字有多难？有没有什么窍门？我想结合自己的教子体验来谈一谈这个问题。

教孩子认字有多难？这个问题不可一概而论。有的孩子认字快些，有的孩子认字慢些，这种差异肯定是有的。除了孩子的个体差异外，我觉得家长采取的方法之得当与否亦关系密切。若教孩子认字的方法得当，可能就事半功倍，若方法不对路，可能就会事倍功半。我自己教儿子认字阅读的经历使我感到：教孩子认字并不难，只要肯于坚持，孩子很快就能突破识字关。

我们教儿子认字的过程是这样的：两岁多的时候，妻子每天晚上都给他读故事书。听故事书的时候，他也靠上去看，慢慢地，他就认识了一些简单的字词。后来妻子教他背诵《弟子规》《三字经》，妻子念一句，他跟着念一句，背完这两篇小文章的时候，里面的字词他就差不多都认识了。四岁的时候，我开始带着他诵读《论语》，《论语》中的句子我要给他解释，以让他明白这段话讲的是什么意思。讲

惊喜

解的过程中，遇到陌生的字词，我特别提醒他一下，这个字念什么，什么意思。但是，无论是给他读故事书，还是领着他背诵古文经典，我和妻子都没有要求他认字，也没检查他认识多少字。虽然不要求他认识字，可是他天天跟着大人诵读、背诵，他的识字量总会不断增加。一部《论语》背完，感觉他自己读书的能力就有了一定的提升，这个时候，小孩的故事书他再也不用大人给他读了，自己就能看懂了。

刚上小学一年级时，学校老师专门测试过一次学生的识字量（可能是为了摸底），儿子当时的识字量已达1300多个，是班上识字量最多的一个。记得他回来汇报此事的时候很兴奋，说别的同学才认识两三百字，我怎么就一下子认识了1300多字呢？仔细想了一会儿之后说："哎呀，原来是跟你一块背诵古文学会的。"

由于一上学他的识字量就比较大，他的阅读能力就比同龄孩子强，同龄孩子还看不懂的书，他就能看懂。他看的书越来越多，相应的识字量也随之水涨船高。到现在，我感觉他的识字量已接近一般成人的水准，因为他有时逮着我的书也能看得津津有味，阅读的范围越来越广，阅读速度也越来越快。

不少读者看了我的这段叙述后可能会说：你这也没教孩子认字呀？你的孩子之所以认字多，都是人家"自学"的，不是你们家长教的呀。

您若真这么认为，我也不能说没道理。但我要说的是，孟子曾说过："教亦多术矣，予不屑之教诲也者，是亦教诲之而已矣。"意思是说，教育有多种方法，我不屑于教他，本身就是对他的教育。我对教孩子认字的体会就是这样：让他都没感觉到你是在教他认字，无意之中他就认识了很多字。这种让双方都感觉到很容易的教与学，其实是一种近乎理想的教育状态。这种教法的秘诀在于，家长要努力创造一种浓厚的读书氛围，每天都有一个时间段陪孩子一块读书。家长天天陪孩子读书，孩子就天天与文字"打照面"，照面打多了，孩子对文字就有了亲近感，时间长了，他于有意无意之间就认识了很多字。此种做法的另一个好处是，它在教会孩子认字的同时，还能培养孩子良好的阅读习惯。家长天天陪孩子读书，使孩子在潜移默化中认识到，读书是生命当中的一件"日常事务"，像吃饭喝水一样，天天都离不开。他天天读书，几年下来，那两三千个常用字想不认识都难。

我也知道，有些家长为了教孩子认字，做了许多识字卡片，还要一个字一个字、一个词一个词地教孩子。我不是说这种方法不行，但觉得这种做法似不符合认知规律，有事倍功半之嫌。按照学习语言的普遍规律，孤立地学习字、词，势必感到枯燥，且容易忘记。只有把字、词放在具体的语境中去学，字、词才会在人们的头脑中"活起来"，

惊喜

且能记得牢固。因此，我反对将认字与阅读分割开的认字教学法，而主张认字阅读一体化，即在阅读中教会孩子认字，孩子认字也是为了更好地阅读，两者互相促进，形成良性循环。

🌧 网络游戏警报解除

在一个网络时代，很多孩子在不知不觉间就学会了上网打游戏，进而痴迷其中。我的儿子上小学后，在接送他的时候，我就听到不少家长深为孩子上网玩游戏而苦恼：家里有电脑，想让孩子完全不上网几乎是不可能的，可小孩子自制力差，上网玩起游戏来很难掌握好娱乐的"度"。

像很多小孩子一样，我儿子在五六岁的时候也学会了上网玩游戏。我和妻子没有完全禁止他玩游戏，但严格控制他玩的次数和时间，既不能让他每天都玩，每次玩的时间也不能超过半个小时。如此监控之下，他并没有着迷。这是我们采用的第一招：有限度地"堵"。"堵"的关键是：家长认识要高度一致，态度要十分坚决。

光"堵"不行，还得"疏"，在某种程度上，"疏"比"堵"更重要。我观察发现，孩子在感到无聊的时候最容易去玩游戏，可以说，现实世界的无聊是孩子投入到游戏天地的一个直接诱因。要把孩子从网络游戏中拉回来，就必须让他感到现实世界中有比网络游戏更有趣更好玩的事情可做。为此，我和妻子做过多种尝试。儿子对科普很感兴趣，我就给他买立体科普书；儿子喜欢聊天，我和妻子就尽量抽出时间来陪他聊天，目的就是不让他感到无聊。在这个过程中，我教他学习传统文化经典也起到了很好的作用。我给他讲《论语》时，解释得很细致，不但讲了每句话的意思，语句中涉及的历史人物和故事我都讲给他听。渐渐地，他觉得书中的世界也很有趣，就对读书产生了兴趣。有时能一口气看上两三个小时，看后还跟我讨论书中的相关内容。见他对历史故事感兴趣，我就又给他买了《上下五千年》。待他喜欢上读书之后，打电脑游戏的兴趣果然就大大下降了。

爱玩是孩子的天性，光让他学习不让他玩，那肯定也不行。我自己会下中国象棋，于是"就地取材"，开始教儿子下象棋。先教他基本走法、基本杀法，然后再教他如何看棋谱。一来二去，他对象棋产生了兴趣，很快就学会了自己看棋谱。这个时候，他没事就看棋书、打棋谱，再也不上网打游戏了。小学一年级的寒假，儿子一次电脑游戏也没玩，空闲时间就一个人跑到阳台坐着小凳打棋谱，棋谱打多了，他慢慢地也就会下了。

后来我问儿子，为什么学会下象棋就不再去打游戏了？他说，学会下棋之后就感觉在电脑上打游戏太简单太低级了。

孟子曾说："游于圣人之门者难为言。"意思是说，在

惊喜

圣人孔子的门下学习过，接受圣人教诲之后，再听普通人说话，就感到没滋没味的。这便是人们常说的"曾经沧海难为水"的道理。没想到，这道理对小孩子玩游戏也适用。当有了高级、高雅的兴趣爱好之后，孩子对简单低级的游戏就不感兴趣了。我由此受到启发：一定要设法培养孩子高雅的兴趣爱好。一个孩子若能充分地领略到高雅爱好带给他的身心愉悦，他就能大大地增强抵制低级趣味的能力。

最近几年，国内兴起了"国学热"，不少家长给孩子报国学班，有的还让孩子学习"琴棋书画"等中国传统才艺。我觉得，只要家长们能端正心态，孩子们学习传统文化和传统才艺就会有好处。古文经典诵读也好，琴棋书画等传统才艺也罢，它们均有较高的进入门槛，你学习的时候不聚精会神就学不会，你学习的时间太短、学习的程度太浅就体会不到它的妙处。而一旦突破了这道门槛，"捅破了这层窗户纸"之后，所体悟到的快乐也远非吃吃喝喝、打打游戏可比。到了这个阶段，孩子也会有"曾经沧海难为水"之感，他们的人生情趣自会逐步向高处攀升，简单低档的娱乐活动被抛弃亦成顺理成章之事。

"规定动作"与"自选动作"

跳水、体操等一些体育运动，比赛中有"规定动作"和"自选动作"之分，"规定动作"是每个参赛者都必须完成的，"自选动作"则是参赛者根据自身的特点选择的，"规定动作"带有强制性，比的是基本功，"自选动作"带有自主性，比的是每个选手最拿手的本事。

其实，一个人成长的过程中，也要做好"规定动作"和"自选动作"。比如，若说上学、考学、找工作、结婚、生子之类的算是一个人前半生的"规定动作"的话（至于这些"规定"是否完全合理，在此先不探讨），那么一个人在"规定动作"之外所开发出来的兴趣爱好、情感模式、审美品位、交友圈子乃至艺术追求等，则属于"自选动作"。一个健全的人应该既做好"规定动作"，又做好"自选动作"。若只会做"规定动作"，"规定"之外，找不到自己的兴趣所在，那这样的人生就会很乏味，幸福感也大受影响。孔子曾说："君子不器。"意思是不要把人的生命过程做工具化处理——生命本来是丰盈的，干吗过得那么逼仄，搞得干巴巴硬邦邦的？有人不理解孔夫子的这番苦心，非要把全副心神都用来对付"规定动作"，这样一来，即便你的"规定动作"完成得很好，那你的整个人生也还是不圆满的——因为你缺席了一场自主选择、自我完善的

惊 喜

人生盛宴，你没能充分地领略到自由的巨大意义。反过来说，若一个人把全副精力都用来做"自选动作"了，对"规定动作"不屑一顾，那恐怕也太任性了，会在人生之路上跌很多跟头乃至撞得头破血流。

既然一个人的成长需要做好"规定动作"和"自选动作"，那么，家长在教育孩子的过程中就不妨先有这根弦儿。我有一个感觉，现在的很多家长在教育孩子的过程中太注重"规定动作"了，对"自选动作"用心不够。不少家长都在意自己孩子的学习成绩，都希望孩子能考高分。因为考高分能上重点中学，重点中学考高分能上重点大学，重点大学毕业能找个好工作，找个好工作就容易找到好对象……一路下来，关涉的都是现实利益，带有很强的功利性。如果一个家长的功利心太强，那他在教子的过程中就势必要求孩子只做"有用的"事，而孩子的自由天性和自主发展的空间就会被大大压缩。

接下来的问题是：如何帮助孩子做"自选动作"呢？给他在校外报个辅导班，让他多学几门才艺，这算不算"自选动作"？我的看法是："自选动作"的核心是"自选"，如果那个辅导班是孩子自己愿意上的而非家长强迫上的，就属于"自选动作"。若不是，即便给孩子报 N 个课外辅导班，那也不是孩子的"自选动作"。家长敢于放权，让孩子自主选择他的兴趣、爱好，并在时间和物质上对孩子给予相应的支持，这才是家长帮助孩子完成"自选动作"的要义。

我和妻子教育儿子，早早就跟儿子讲清楚，上课要认真听讲，放学要完成作业，老师教的知识要掌握，这是你的"规定动作"，你必须做好。"规定动作"之外，你还有极大的自由选择的空间，比如，上不上兴趣辅导班、上什么兴趣辅导班，决定权在你，我们绝不强迫你；此外，你每天除了跟着爸爸诵读半小时左右的古文外，别的时间你都自由支配，不论是用来看看书还是用来画画，甚至是出去与小朋友一块玩，我们都允许。协议达成之后，坚决执行。他说不上辅导班，我们就不给他报辅导班；学校让选兴趣小组，他说选足球，那就选足球，尊重他的选择。这样做的结果是，他感觉父母不逼迫他，挺高兴，也愿意听我们的建议。于是，我带着他顺利地背完了"四书"（这不算是"自选动作"，算是我加的一个"规定动作"）。

上小学二年级的时候，他识字量就很大，阅读能力也比较强。对于他的阅读兴趣，我们也不加干涉，他爱读关于宇宙方面的书，就让他读霍金的《时间简史》和《果壳中的宇宙》；他爱读战争的书，也由着他；我写的书稿，他好奇，要"审读"一番，也允许。只要不涉及暴力、恐怖等儿童不宜的书籍，他想看什么就看什么。正因为给了他充分的自由，所以他的阅读兴趣才越来越浓，很多书他都

惊喜

能看得津津有味，通过广泛阅读，他"自学"到了很多知识，这些知识已然溢出了他们的教科书的范围，也超出了我的预期。

大科学家阿基米德曾说："给我一个支点，我能撬起地球。"我的感觉是，家长给孩子一个自由的支点，孩子就能撬起学习的杠杆，并借此仰望知识和智慧的星空。

孩子的求知欲和好奇心

我家附近有一座不太高的山，叫北大山，是诗人徐志摩的遇难之地。1931 年 11 月 19 日，诗人徐志摩搭乘的邮政飞机因大雾和机械故障撞在了这座山上，包括徐志摩在内的人全部丧生。徐志摩遇难处在大山西南部的一处阜岗上，由此绵延向北还有几座山峰，那则是附近居民爬山锻炼、登高望远的好去处，我也多次带儿子攀爬这几座山峰。

在带儿子爬山的过程中，我惊喜地发现儿子知道很多地质学知识。这座山不同高度的岩石有不同的特征，石面上留下的化石痕迹也大为迥异。我发现了这个问题，并想借此向儿子普及一点地壳运动的知识，告诉海底是如何上升为高山的。不料，我一提及此话题，立马撞到了"枪口"上，原来儿子在这方面的知识储备远远超过我，结果这次登山，完全成了他对我的一次地质知识讲解课。他对山石形成的地质年代极其熟悉，哪种山石形成于奥陶纪，哪种形成于寒武纪，哪种形成于白垩纪，他全能分辨，且说出充足的理由。对山石上面的花纹，他大致判断后还会告诉我这是什么化石，是恐龙头骨形成的化石还是蕨类植物的化石，化石形成的那个年代，地球正在经历着怎样的变迁云云。至于岩石分水成岩、火成岩、混成岩之类的，他更是讲得头头是道。一座大山，从高到低，在他的讲解中就完全成了一部漫长地质年代的演变史。

凭可怜的地质学知识，我根本无法判定他讲的是否全部正确，只是惊讶："你是从哪里学会的这些？我也没教过你这个呀？"

他说："我自己从书上看的。"

当时，儿子只有八岁，还是个二年级的小学生。他"偷偷地"学会这么多知识，使我对孩子的教育问题不得不再做思考。一番琢磨之后，我得出三点感受：其一，学知识对孩子来说不应该是难事，只要他们感兴趣。好奇心和求知欲都是孩子的天性，成年人只要不打击他们的好奇心，不限制他们的求知欲，孩子其实是很喜欢学习知识的。很多人感觉孩子不愿意学习，我想那可能是我们的学校和家长对孩子的学习方向、学习方法乃至学习速度都做了太多的限定所致。求知一旦由主动变为被动，有时就不免兴味索然；学习一旦由"自选动作"变成了"规定动作"，也

13

惊喜

会打击孩子的学习热情。

其二，当孩子的好奇心和求知欲得到鼓励和赞扬时，他们就会变得更加喜爱学习。儿子能通过一座大山向我讲述一堂有趣的地质学，我感到一种意外的喜悦。我的情绪显然也感染了儿子，他越发调动自己的知识和想象，以求讲解得更加生动有趣。此后，我每遇到拿不准地质年代的岩石，就去请教孩子。我不断向他"请教"，让儿子体会到了拥有知识和向别人传授知识的快乐，我想他会因此更加热爱知识。我强烈的感受是：孩子是会从学习知识中得到快乐的，他们反感的不是学习本身，而是强制学习这种粗暴的教育方式。这一点是不难理解的，对成人来说，从事自己喜欢的劳动也能给我们的身心带来愉悦，可若是被迫从事自己并不喜欢的劳动，那劳动也会变成一种惩罚。对孩子来说也是如此，在他明明对地质学兴趣盎然之际，你非得逼着他去做数学作业，那数学作业对他岂不也变成了一种惩罚？没有人天生犯贱，喜欢被惩罚。若天长日久，岂能不厌学？不少孩子后来变得不热爱学习，我看很大的一个原因正在于此。

其三，呵护和鼓励孩子的好奇心和求知欲，远比让孩子拿高分重要。好奇心和求知欲是学习一切知识的原动力，孩子的好奇心和求知欲强烈，那他就会在不断求知和探索中锻炼出良好的学习能力。一个人学习能力强，日后进步的速度和适应社会的本领也会相应增强。就学习能力和考分而言，学习能力无疑更重要。可惜，有些家长为了让孩子考高分，就禁止孩子看"闲书"，以把所有的时间和精力都用于学习规定的教材。我觉得这种做法不可取，它虽然可能在短时间内能让孩子拿到考试高分，但从长远看会摧毁孩子对事物的好奇心和强烈的求知欲，得不偿失。

以"出家标准"培养孩子

教育之事还真不是教孩子学习各科基本知识那么简单，有时探讨的边界必然要溢出了教育学的范畴，而直接追问人性的丰富与灵魂的高贵。可以说，在具体的教子方法之外，家长本身对人性和人生的理解程度亦对教子效果影响巨大。道理很简单，观念影响言行，长期的言行形成习惯，习惯养成性格，性格决定命运。孩子的命运有挺大的一块是受父母影响的，因为他的性格肯定会受父母影响。这一点，怕是没人能反对。

那么，今天的家长到底该秉承怎样的教子观念呢？我觉得妻子的一个说法值得大家参考。有一次，一同事跟妻子聊天，说："看着你们两口子对赚钱一点也不上心，你们不给儿子赚钱买房吗？你们以后不想让儿子出国留学吗？我们想让孩子将来出国，所以现在就得按出国的标准培养他，

惊喜

大人就得赶紧赚钱。"

妻子回答:"你们教育孩子是按出国标准培养的,我们教育孩子是按'出家'标准培养的,所以不用着急为他赚钱。"

一听"出家标准",同事大笑。

妻子解释,所谓的"出家标准",并不是说要让孩子出家当和尚,而是指家长放下功利心,别老是望子成龙。家长少一些功利心,在教子的过程中也就少了许多瞎折腾,少了瞎折腾,也就减少了焦躁和忧虑。这样,于家长于孩子其实都是好事。

回家之后,妻子向我讲述此事,我也感到"出家标准"的说法极其形象生动。如果说"出家"象征着放下红尘烦恼,那么,以"出家标准"培养孩子就意味着家长先要有清净心、平常心;如果说真正的"出家"象征着追求生命的自在与圆满,那么,以"出家标准"培养孩子就意味着给孩子以最大限度的自由,以让他的生命潜能充分发展。换言之,"出家标准"有两个指标,一是家长尽可能地减少功利心,当然没有最好;二是尽可能地给孩子以自由,使其最大限度地发掘自己的潜能。

有顽皮的读者一定会问:你们家的"出家标准"如何贯彻执行?比如在孩子的学习上。基本原则还是两条:允许孩子考试"不及格";鼓励孩子学习"超大纲"。这叫包容"下不设线",自由"上不封顶"。

现在的孩子，上学之后就要面临着各种各样的考试，他们的竞争压力已经比较大了。这种情况下，家长实在不宜再给孩子加压，更不宜在孩子考试不及格时予以严苛的惩罚。鉴于此，我和妻子跟儿子约定：我们绝不会因为你考试不及格惩罚你，你只要学习时保持精力集中即可。你把知识学会了，一般来说考试都能及格，偶有一两次不及格也没关系，我们负责辅导你，你学会了，下次考及格就可以了。有此约定之后，儿子仿佛得了"免死金牌"，非常高兴。卸下心理包袱之后，儿子每次考试都轻装上阵，正常发挥，如此一来，他的考试成绩反而很不错。

儿子的识字量比较大，记忆力和阅读能力也比较强。根据他的这一特点，我们就鼓励他多读课外书。儿子说，有些家长不让孩子看课外书，理由是课本知识还没学好呢，看什么课外书？与这些孩子相比，他觉得自己"幸福指数很高"——不被逼着考高分，还有阅读课外书的自由。

后来，儿子又提出："我要学记日记了！"写日记显然不是教学大纲要求的事，但我们也拍手鼓励，太好了，支持。你只管写，不会写的字就先注拼音。写完了愿意让我们看，我们就给你点评。孩子要读课外书，要学习超出教育大纲的内容，这代表他有求知欲，有不断挑战自己的愿望，这是好事，家长为什么要限制、打压呢？

马克思说："每个人的自由发展是一切人的自由发展的

惊喜

条件。"这话非常有名，我觉得他所说的"一切人"也包括孩子。所以，家长应尽量给孩子以自由。家长放下功利心，多包容孩子，目的也是让孩子能尽可能地自由发展。自由是每个人充分发掘自身潜能的必要条件。考分也好，教学大纲也罢，家长的面子也好，孩子的出国准备也罢，外在的种种都不能成为限制孩子自由发展的理由。

作文是个多大的事

儿子上了小学三年级，语文课上就开始学习写作文了。我对儿子的作文问题并没太上心，原因很简单，就是我不认为孩子的作文写得好是一件多么了不起的大事。

由于写过几本书，我常被冠以"作家"的名头。既是"作家"，在参加一些活动的间隙，就会遇到一些家长把孩子的作文拿来请我"指点"。这些孩子的作文，大多辞藻华丽，被老师评为"范文"。可我面对这些"范文"常常陷入无话可说的窘境：你要说他们写的就是好文章，那会涉嫌欺诈；你若说他们写得不好，则会打击他们的写作积极性。后来，我也明白了，好作文和好文章是两码事，这恰似驴之于马，也有点像走兽之于飞禽，驴长得再帅，终究跟马不是一个品种，走兽跑得再快，也不代表它会飞翔。

对于什么样的文章是好文章，什么样的作品是好作品，我们的教育可能一开始就出现了偏差。从普通家长到一般的中小学语文老师，他们认为的好文章就是里面要有许多华丽辞藻，能用上比喻、排比、通感等修辞手法。可是，文学的本质不是比谁掌握的好词多，作家的专业水准也绝不体现在华丽的辞藻之上。如果说文学是大海的话，辞藻不过是其中的一滴水而已。遣词造句的能力不过关，显然是当不了作家的，可是，仅仅凭着堆砌华丽辞藻就想当作家也同样不靠谱。所以，即便作文写得好，也只意味着用来对付考试有效，若论其对真正写作的效果，我总感觉有点渺茫。

正是基于上述考量，我几乎没怎么指导儿子写作文——我教他诵读过《论语》《大学》《中庸》《孟子》《道德经》《古文观止》里的名篇，但从没跟他讲过"凤头、猪肚、豹尾"之类的作文技法。可有趣的是，儿子第一次出手写作文竟给了我和妻子很大的惊喜。老师布置的题目是让学生写一段秋天的景色，因为是第一次练习写作文，要求孩子们写几句话就行。儿子是这样写的："秋天是一个充满告别的季节。比如黄叶从树上掉落。再比如，苹果从树上掉落。所有东西都准备过冬了。我们却坚持不懈。"我当时并不在家中，正在鲁迅文学院上作家班。写出这样的句子后，儿子可能也感觉很得意，就让妻子给我发微信，说让老爸评判评判。应该说，九岁的孩子第一次落笔就能写出这样

惊喜

的句子是很不错的（句子之间还有些跳跃过大的地方，应该再加上一些过渡的句子），我也大大地表扬了他一番。小作文交上之后，语文老师也在他的句子下面画满了圆圈，表扬他写得好。从此之后，再遇到作文训练他就不怵头了，而是用心构思，想着写得好一点。

后来有一次我到儿子的学校参加家长会。会上，不少家长纷纷向老师讨教辅导孩子写作文的种种诀窍，他们的那种无力之感和焦虑之情给我留下了很深的印象。世界上的事可能就是这样诡异，你越把某件事当个大事，它就越是麻烦事、怵头事；你若真的能"看破放下"，不那么多事，其实很多事也确实就不是什么大事，遇到问题也能迎刃而解。孩子的作文到底是个多大的事呀？他即便写得好，得了全国作文大赛的奖，也不代表他日后就能成为优秀的作家；他写得不够好也不用着急，慢慢来嘛，很多人一辈子也没学会把文章写好，不也照样当官发财，混得风生水起？所以，对于孩子的作文问题，家长们最应该有的就是平常心，而非什么作文秘诀。

写作之事，本来就没什么秘诀，它一半靠天赋，一半靠后天的长期学习。我儿子之所以一上手就能在写作文上有不错的表现，我想也与他的长期学习有关。他在下笔之前就诵读过不少传统经典，能背诵下来的优秀文言文就有八万多字。他非常喜欢读书，读了很多科普、科幻及战争史的著作，如霍金的《时间简史》《果壳中的宇宙》、阿西莫夫的《银河帝国》、刘慈欣的《三体》、J.K. 罗琳的《哈利·波特》等。背诵名篇和大量阅读会唤醒一个人良好的文字感觉，这对提升写作能力是非常有帮助的。俗话说："熟读唐诗三百首，不会作诗也会吟。"说的就是这么个道理。这么说来，孩子写作文虽不是什么大事，但若搞好，也非易事，急是没用的，只能靠一点一滴的积累，慢慢提高。

一篇好作文的前前后后

孩子上了小学三年级，就会遇到写作文的问题。很多孩子遇到写作文会感到头疼，家长为此也常常一筹莫展，不知该如何辅导孩子写作文。今天，我就打算拿儿子上周写出的一篇作文当例子，讲讲这篇作文的前前后后。儿子的作文如下：

喜欢天文的我

我在四岁的时候，偶然看到一部关于天文的纪录片，从此喜爱上了天文。

我最喜欢的是黑洞和量子力学。黑洞，作为妇孺皆知的热门话题，我也深有感触。黑洞是一种很费解、很不可思议并且很有趣还很可怕的天体，自然无法理解。爱因斯坦曾说："上帝为什么要制造它？"的确，

惊喜

黑洞很奇怪，比如说，奇怪的"霍金辐射"。还有，黑洞内部是什么？还有许多其他问题，我就不一一列举啦。

量子力学很难理解，不过，我还是搞懂了。它是一个坚固的理论，但不让人觉得坚固。它成长于物理学的乱世，是史上最有名的理论之一，它受到连绵不断的质疑，但只是使它的光辉更加灿烂。

我最后想说：宇宙浩瀚，地球只是一粒细沙，人类只是地球上的一粒细沙，所以不要傲慢！宇宙是浩瀚的，生命是美好的，但是切记，不要傲慢！最后，我想请大家记住《三体》里的一句格言："弱小和无知不是生存的障碍，傲慢才是。"谢谢！

这篇作文虽在个别字句上还有可修改之处，但对一个三年级的小学生来说，这已经是一篇非常好的作文了。那么，他为什么能写出这篇作文呢？我觉得与他前期的大量阅读积累有关。应该说，在自己动手写作文之前，他已经熟读了大量好文章。此外，他养成了爱读书的习惯，阅读了大量科普、科幻、历史、军事等方面的书籍。如果没有阅读这些书籍，他也不可能懂得黑洞、量子力学，更没法写出对这些理论的感受和评价。他的这个小作文虽然只有三百来字，但背后却蕴涵着不少读书的功夫。儿子平时说起黑洞、量子力学来就滔滔不绝，眉飞色舞，这说明他有东西要表达，恰好他将这些用到了作文当中。若没平时的读书积累，他是不可能写出这篇作文的。

一篇好作文好比一座冰山，人们直观看到的往往只是水面之上的八分之一部分，其实水面之下还有更重要的八分之七部分。道理很简单，一个人所能表达出来的东西总是要远远少于他所知道的东西。如果一个孩子所知道的东西本身就很少，那他在写作文的时候势必会陷入无话可说的窘境。因此，如果你希望自己的孩子能写出一手好文章，那就一定要培养他的阅读习惯，让他爱上读书，大量地读书。这可说是写好作文的前期准备。

那么，在孩子写出了好作文之后呢？是不是就万事大吉了呢？也不是。

我读了儿子这篇作文之后，又做了如下工作。其一，表扬了他，说他写得很好，给了爸爸、妈妈很大的惊喜；其二，将作文发到了我的微信上，使他的作品得以"发表"，以资奖励。他的作文在我的朋友圈里得到了很多点赞，我也给他看了，以此激发他的写作兴趣。果然，他很高兴。其三，以他的这篇作文为例子，我给他讲写作的若干种可能性。这部分才是我辅导他的重点。

我跟他说，"兵无定势，水无常形"，写作也是如此。就以你这篇作文为例，你现在写的是《喜欢天文的我》，

惊喜

这样写就已经不错了。可我告诉你，你的这篇文章像变形金刚，还可做若干种变形处理，使之成为新的好作文。比如，题目改成《我是如何喜欢上天文的》，那你就要把自己喜欢上天文的过程写清楚，要写清楚你是在什么情况下看到一部关于天文的纪录片的？那是一部怎样的片子？看到后你的感受如何？之后，你又在天文学上下了怎样的功夫？得到了怎样的乐趣？等等，把这些都详细地写出来，就是一篇不错的记叙文。如果题目换成《我对黑洞和量子力学的理解》，这是一篇小科普，你就得把黑洞到底是怎么回事？量子力学又是怎么回事？这些理论是如何发展的？等等，把这些详细写清楚。如果题目再换成《天文学对我的启发》，那你就把结尾部分的那段议论展开来写，详细地讲清楚宇宙如何浩瀚？个人相比之下是多么渺小，然后再讲"不能傲慢"的道理。也就是说，要根据写作要求的不同，对同一件事情采用不同的写作策略。这样，写作的思路就会越来越开阔、灵活。

我写这段是很压缩了的，跟儿子讲解时则是很详细的，有的地方还与他有讨论。这些思路他显然没想到，听我一说，他感到很意外：还可以这么写吗？在我的点拨下，他甚至当场就又想起了一篇"假设文章"的结尾。总之，在这番关于作文的讨论之中，儿子眼睛放光，手舞足蹈，兴奋之情溢于言表。我觉得这算是趁热打铁，是在儿子写出一篇好作文之后的"后期开发"或是"后续辅导"。

🌧 舌尖上的节制

节制是所有美德的基础。从某种意义上讲，懂不懂得节制，也是一个人成熟与否的重要标志。孔子讲："乐而不淫，哀而不伤。"强调的就是节制的重要性。小孩心智尚未成熟，控制自己情绪的能力远不能与大人相比，那又怎样才能让他学会节制呢？

我觉得不妨先从最简单的地方做起——舌尖上的节制。比如，先从不让孩子营养过剩做起。孩子吃得太多太好，吃成了"胖墩"，这就是在饮食上不懂得节制的结果。如今，物质生活比改革开放之前要好得太多了。在物资匮乏的年代，孩子吃不饱、穿不暖，这固然对孩子的健康成长极为不利。如今，温饱问题早已解决，很多家庭吃得好一些也毫无问题。但是，物资极大丰富不意味着孩子就一定能健康成长。现在很多人不是因为吃不饱而体质差，恰恰相反，他们是因为吃得太好太多而出现了"三高"（高血压、高血糖、高血脂）。孩子也一样，不少孩子长成了小胖墩，甚至性特征提前发育，原因也是因为营养过剩。古人讲："过犹不及。"在饮食上也是如此，营养过剩和营养不良同样都能对身体造成伤害。

25

惊喜

家庭教育也要与时俱进。在改革开放之前，父母关爱子女，要尽量地想办法给孩子弄到好吃的东西，这是对的，因为那是一个物资匮乏的年代。可是今天不一样了。现在做家长的，脑子里应该有一根节制孩子饮食的弦儿，要想办法不让孩子营养过剩。我觉得这是培养孩子学会节制最方便的下手处，亦是对孩子的身心成长极为重要的一环。

这个时代的食物异常丰富，随便走进一家超市，都会有许多琳琅满目的食品在诱惑着孩子的食欲。哪些可以吃？哪些不能吃？哪些可以多吃点？哪些必须少吃？对此，不同的家长会有不同的看法，我们没必要强求一致，但节制的原则必须坚持。我和妻子在这个问题上是这样做的：碳酸饮料一律不能喝，孩子喝的就是凉白开，赶在外面没凉白开的时候，也只买矿泉水；膨化食品坚决不能吃，油炸食品也不能吃。可以说，在吃的问题上，儿子根本就没有任何特殊待遇，他就是跟着爸妈一块吃饭。并且，家里不买零食，免得他老是惦记着吃零食而不好好吃饭。当然，我们这么做的同时也教给了儿子一些基本的健康知识，比如，为什么不能吃垃圾食品？为什么不能吃得太多？为什么要饮食清淡？等等。有一段时间，岳父、岳母住在我家，老人爱看养生节目，儿子也跟着看，就学了一些养生知识。所以，他很容易就接受了在饮食上要节制的理论，并且能严格遵守。

对啥东西能吃，啥东西不能吃，自己心里有个谱儿，小孩也就不再不管不顾地山吃海喝了。不山吃海喝，身体健康也就有了最基本的保证——儿子没有长成"小胖墩"，也没有长成"豆芽菜"，也很少生病。有意思的是，有了节制饮食的理念之后，他还能自己发挥。我教他学《论语》，《论语》中有一章《乡党》，讲的是孔子在日常生活中的表现，其中有一句："肉虽多，不使胜食气。"意思是，孔子吃饭，宴席上的肉虽然很多，但他不会多吃，决不让吃肉的量超过主食。后来大人一块聚餐，他总是吃几块肉就不吃了。别人问他，他就背出了这句话，说这是孔子的做法，我要学孔子云云，非常有趣。

最后要说的是，饮食看似是个营养学的问题，实则背后亦有观念在。我认为现代家庭教育的核心问题其实就两个：家长在物质上对孩子过度满足，在精神上却又对孩子过度疏忽甚至是放纵。这两个问题纠结在一起，构成了当今家庭教育的"死结"。这个"死结"的名字可以叫溺爱，也可以叫糊涂，总之就是不明白。明白人应该解开这个"死结"，多在精神上给予孩子以关爱和指导，而在物质上则不妨做一定的约束和限制。舌尖上的节制虽不等于节制本身，但它确实可以是孩子学会节制的起点。

惊 喜

接受孩子的"文化反哺"

人与人之间的关系，除了身份关系和利害关系之外，还有一种很重要的关系，那就是兴趣关系。家长和孩子之间首先是建立在血缘之上的身份关系，然后紧跟着的是利害关系——孩子优秀，家长省心；孩子不省心，家长就比较糟心。这两条很多人都能知道。可是，不少家长会忽略兴趣关系，也就是说，他们不注意培养自己和孩子共同的兴趣——虽然不少家长都给孩子报了兴趣班。其实，家长如果肯放低身段，注意培养和孩子一样的兴趣爱好，那往往会收获意外的惊喜。

还是讲自己的体会吧。最近，我读了一本曹天元的书，书名是《上帝掷骰子吗——量子物理史话》，这本书就是儿子推荐给我的。他曾向我大谈量子物理发展史上的种种理论和趣闻，我一听，挺有趣呀，然后就问："你这些都是从哪看来的呀？"

他说："这方面的书我看了很多。我觉得最适合你看的就是这本《上帝掷骰子吗——量子物理史话》，写得生动有趣。"

然后，我就看了这本书。这本书除了生动有趣之外，还给我什么感觉呢？用一个流行的词来形容，那简直就是"脑洞大开"。因为我之前对量子物理并不感兴趣，相关知识少之又少。看了这本书才知道，哎呀，量子物理是这么回事呀！

我有了量子物理的知识之后，跟儿子一讨论，立马就有了共同话题。而且，在交流讨论的过程中，我也能判断出：儿子确实是对量子物理感兴趣，并且把这方面的书读懂了。这个话题是他"开发"出来，然后又将我带入其中的，这就很有点"文化反哺"的味道。因为在这之前，总是我以自己的兴趣、爱好影响他，比如，我喜欢传统经典，就教他读；我喜爱下象棋，也教会了他下棋。而这次，是他自己读书的时候喜欢上了量子物理，然后影响了我。说实在的，被自己三年级的儿子"文化反哺"，我并不太感到害羞，反而有一点小高兴：儿子都能在读书上影响老爸了，正说明他进步很大嘛。

成人找对象，都希望找一个与自己有共同兴趣爱好的人。为什么呀？这样才能聊到一起，才更容易建立起亲密的关系嘛。找对象如此，带孩子也是如此。家长如果与孩子有了共同的兴趣爱好，那肯定能聊得来，也更容易建立起良好的亲子关系。

家长要与孩子有共同的兴趣爱好，方法有两种：一种是用自己正当的兴趣爱好影响孩子，另一种是自己向孩子正当的兴趣爱好靠拢。一般而言，在孩子较小的时候，前者比较适用。待孩子稍大，有了自己的兴趣爱好，家长也应

惊 喜

注意及时向孩子靠拢。这种靠拢并不仅仅是为了取悦孩子，哄着孩子玩，而是自己也借机拓宽生命体验和精神空间。

家长和孩子之间容易产生代沟，为什么呢？其中一个主要原因就是两代人没有共同语言。父母感兴趣的事，孩子不感兴趣，觉得没意思；反过来，孩子感兴趣的事，父母也觉得没意思。其实，不是这些事情本身没意思，而是要将一件看似没意思的事变得有意思，是需要精神和时间投入的。双方都不愿意在对方的兴趣爱好上"投资"，所以才会感到对方的兴趣爱好没意思。明乎此，做家长的就该知道，如果我们不想与孩子产生代沟，不想被时代落下，那最好的办法莫过于向下一代学习，让他们对自己进行"文化反哺"。通过"文化反哺"，你和孩子的共同语言多了，彼此的了解也就更多了。彼此的认可和理解多了，抱怨和误解自然也就少了。

本章小贴士

1. 家长要努力创造一种浓厚的读书氛围，天天陪孩子读书。这样，除了能培养孩子良好的阅读习惯外，还有助于孩子大量识字。

2. 家长要善于向孩子"请教"，以让孩子体会到拥有知识和向别人传授知识的快乐。这样，孩子就会更加热爱知识。

3. 家长要敢于给孩子自由。给孩子一个自由的支点，孩子就能撬起学习的杠杆，并借此仰望知识和智慧的星空。

4. 背诵名篇和大量阅读会唤醒一个人良好的文字感觉，这对提高孩子的写作能力是非常重要的。

5. 要设法培养孩子高级、高雅的兴趣爱好。一个孩子若能充分地领略到高雅爱好所带给他的身心愉悦，就能大大地增强抵制低级趣味的能力。

6. 对孩子在精神上宜多给予关爱和指导，而在物质上则不妨做一定的约束和限制。

惊喜

第二章

阅读

　　著名的教育家苏霍姆林斯基曾说："通过阅读而激发起来的思维，好比是整理得很好的土地，只要把知识的种子撒上去，就会发芽成长，取得收成。……学生对书籍的思考越多，他的内心由于书籍而激发的喜爱感越强烈，他学习起来就越容易。"他还说："学生学习越感到困难，他在脑力劳动中遇到的困难越多，他就越需要多阅读：正像敏感度差的照相底片需要较长时间的曝光一样，学习成绩差的学生的头脑也需要科学知识之光给予更鲜明、更长久的照耀。不要靠补课，也不要靠没完没了的'拉一把'，而要靠阅读、阅读、再阅读，——正是这一点在'学习困难的'学生的脑力劳动中起着决定性的作用。"可见，阅读对孩子成长的重要性。

　　大量阅读是开启孩子智力的一根很好的魔棒。孩子一旦被这根魔棒激活，能在自主阅读中得到快乐，那他的学习能力就会得到很大的提升，而家长也不用过多地为他的考试分数纠结了——他的学习能力和学习效率提上去了，考个好分数其实是顺理成章的事。

拿什么"遗传"给孩子

儿子上小学一年级时，我经常要送他上学，再接他回家。在校园的门口，也有很多和我一样接送孩子的家长。放学的时候，孩子排着队走出校门，解散。然后，孩子各自找到自己的家长，或者家长各自找到自己的孩子，反正家长和孩子汇合了。看着家长和孩子一次次地汇合，看着大人的手一次次地拉起孩子的手，有一天我突然感到了某种震惊——孩子和家长真是太像了，这当然是生物遗传的原因。可是，我又感到那不仅仅是生物遗传。孩子和家长的那种像，不只是形似，还有神似——那种只可意会不可言传的气质，似乎也在遗传！

有了这个观察之后，我心中一惊：做父母的岂可不慎？你的优长传给孩子当然是好事，可若是你的毛病也传染给了孩子，岂不罪过？古人讲："养不教，父之过。"光知道"养"不知道"教"固然是过，想"教"但不懂怎样教、不会教，岂不也该反思？道理很简单，只有父母重视家庭教育，且学会了做合格的家长，孩子享受好的家庭教育才能有最基本的保障。

可是，在浮躁忙乱的都市生活中，大家在官场、商场、职场上打拼，精力和时间几乎被工作榨干了，用于教育孩子的心思明显不足，此其一。另外还有一种情况，就是一

阅读

些人的教育观念有问题，他们认为自己拼命赚钱，然后再花钱将孩子送到名校和各种培训班，这样就算把好的教育给孩子了。他们的逻辑很简单：咱孩子享受的都是最好的教育资源，这还不行吗？可实际上，优秀的家长都是肯在教育子女的问题上花精力和时间的人，而绝不仅仅是花钱。因为良好的亲子关系是高价班所不能解决的，代际之间优秀品行的传递也不是靠花钱就能"拷贝"成功的。

著名历史学家钱穆先生在《国史大纲》一书中谈到南北朝时期的望族，说："一个大门第，决非全赖于外在之权势与财力，而能保泰持盈达于数百年之久；更非清虚与奢汰，所能使闺门雍睦，子弟循谨，维持此门户于不衰。当时极重家教门风，孝弟妇德，皆从两汉儒学传来。诗文艺术，皆有卓越之造诣；经史著述，亦灿然可观；品高德洁，堪称中国史上第一、第二流人物者，亦复多有。"在南北朝时代，高门大族要想子孙有出息，都极端重视家教门风，可见家教门风之重要，古人讲"至乐莫如读书，至要莫如教子"，说的也是这个道理。

道理我是知道了，可扪心自问，自己非名门之后，幼时没受过良好的家学熏陶，长大后亦无贤德可称，本身就是一个平庸之辈，我拿什么好东西"遗传"给儿子呢？惭愧之余思来想去，我终于发现自己有"爱读书"的习惯。好，那就把"爱读书"的好习惯"遗传"给孩子吧。为此，我和妻子在家庭布置上就一改常规。别人家都是在客厅正中放大大的电视机，以便坐在沙发上就能舒舒服服地看电视。我们家将电视彻底封存，客厅沙发对面的一面墙放两组书橱，让书籍占据了家庭最显眼的空间。电视机封存之后就彻底不看了，别人看电视的时间我们就都用来读书。你别说，这些做法还真管用。孩子常常看到爸爸、妈妈埋头读书的身影，自然而然地就对读书感兴趣。他晚上没电视可看，就会翻看各种书籍，最开始是幼儿科普书，后来随着识字量增多，他看书的层次也越来越高，看《神奇知识大百科》，看《血战太平洋》，看《上下五千年》等。看的书多了，他也就找得了读书的乐趣。有时，就我和他两个人在家，我在电脑上写东西，他就在旁边看书，一看就是一两个小时，看到有趣处不禁哈哈大笑。一个小孩子，能有这样的阅读能力，我还是很高兴的。

有了此番经验之后，我愈加认识到家教的重要性，也越加相信：家风确实是可以在代际之间"遗传"。古人讲："积善之家，必有余庆；积不善之家，必有余殃。"以前有人认为这话是迷信的（现在可能仍然有人这么看），可在我看来这就是在谈家风：你这个家庭不断积善，家长的善言善行就会在无形之中传染给孩子。孩子在一个良善的家庭中受熏陶，他继承父母优长的几率就大大增加。反之，若孩子生长于不善之家，他沾染毛病、坏品行的几率也会

阅读

大大增加。天长日久，善和不善的种子都会结果，所以也就有了"余庆"和"余殃"。这绝非迷信，而是一种自然而然的规律。

拿什么好东西"遗传"给孩子？每个家长的特长不一样，具体的内容自不可一概而论。但其原则并不复杂，那就是努力使自己的家庭成为"积善之家"。当然，这需要家长不断地提升自己。家长自己做得越好，传导给孩子好品行的几率也就越大。

🌥 让孩子爱上读书

"授人以鱼，不如授人以渔。"教育的真正成功不在于教会孩子多少知识和技能，而在于教会孩子学习的方法，进而唤醒他自主学习的意识。怎么识别一个孩子有了自主学习的能力和意识？我的看法是：如果一个孩子喜欢读书，那么他的学习能力一般不会差。

可是，要养成孩子爱读书的习惯殊为不易。当今时代，影视娱乐及电子游戏产业空前发达，孩子们的心无疑更容易被这些"视听盛宴"所吸引。相形之下，读书很难在"第一时间"抓住孩子的眼球和心思。

就传播知识和信息而言，电视、网络当然也能承担图书的一些功能，可是，读书与看电视、看视频最大的不同在于，在读书时，人们的心是沉静的，其汲取知识的方式是积极主动的。而享受"视听盛宴"时，人们的心是放逸的，其所获取信息的方式是消极被动的。前者的心态是上下求索，后者的心态是守株待兔。这种心态上的差异会直接导致后果的不同。若一个人每天坚持读书两三个小时，十年之后，这个人想变笨都不可能；可是，若一个人每天坚持看电视两三个小时，十年之后，这个人想博学都不太可能。之所以出现这样的结果，主要原因就在于读书和看电视时人们天然产生的不同身心状态。就内容而言，电视上也有好节目，图书市场也良莠不齐。所不同的是，人们在读书时要收拢心神，这使得人们能在阅读中保持着极强的专注力和思维活跃度。专注力和思维活跃度不断受到训练，这个人思维的深度和广度就会不断提升。另一方面，读者的身份显然比观众的身份更加主动，这种主动权会产生一种力量，推动一个人的思维能力、文化水准不断提高。因此，就训练学习能力而言，读书显然比看电视、玩游戏要重要得多。

那么，怎样才能让孩子爱上读书呢？这是一个大课题，非三言两语所能说清，我在这里分享自己的一点心得，供大家参考。

其一，营造读书氛围。儿子两岁多的时候，妻子每天晚上就给他读书听，再大一点，就教他背书，先背《三字经》《弟子规》，后来又背《论语》《道德经》《大学》《中庸》

阅读

《孟子》等，一路走来，他听书，背书，读书，书已然成了他生活中的一部分。因此，当他有了较大识字量的时候，读书对他来说也就成了顺理成章之事。这是从时间上说。从家庭环境上说，我们没有在客厅放电视机，而是用两组书橱占据了客厅的一面墙。这样的环境设置等于暗示孩子：读书是一件极其重要的事情。事实上也是如此，若家里最显著的位置放的是电视，那么人们在闲暇时就会下意识地拿起遥控器，打开电视观看。若最显著的位置是书橱，孩子在无事可干时就会去书橱前转一转，找一本书来看。别小看这种小小的改变，它会于无形中将看电视的时间移来读书，天长日久，其效果就会显露出来。以我的观察，一个家庭若能把晚上看电视的时间用来读书，那家庭中的读书氛围也就营造得差不多了。

其二，家长要给孩子做个好榜样。孩子最擅长做的事就是模仿自己的父母，因此，若要让孩子爱读书，最好的办法就是家长也爱读书。若家长本来就喜欢读书，那要做到这一点很容易，只要"本色演出"就够了；若家长原本没有读书的习惯，那可能就得学做"演技派"了——为了给孩子一个好的影响，也要做出爱读书的样子，演着演着，说不定就会弄假成真。在这一点上，我和妻子都算"本色演出"，我们两个都喜欢读书，我们平时谈话也多围绕读书、写作展开。儿子耳濡目染，养成爱读书的习惯也算水到渠成。

其三，要肯坚持。任何好习惯都需要一个天长日久的养成过程，让孩子养成读书习惯亦是如此。在他还没养成读书习惯之前，家长要耐心诱导，坚持给他念书听，讲书听；等他识字量多了，能自己读书了，家长也要常常听他讲书，与他就书中的相关问题进行交流，这种交流会让他更充分地体会到读书的乐趣，激发起他的求知欲望。要做到这些，家长需要一定的耐心，要肯坚持，不可急于求成，更不可半途而废。

爱阅读远比考 100 分重要

"考，考，考，老师的法宝；分，分，分，学生的命根。"学生上学当然不能不考试，考试就要有分数，分数虽不能说明一切，但如果一个学生屡次考试都落后，也确实说明他学得不够好。或许正因为这个原因，分数才被一些学生和家长视为"命根"。更关键的是，考试分数还直接关系着升学，若分数不够，孩子就无法考上好大学，这一点也直接导致了家长从小学就特别注重孩子的考分。平心而论，我大概也算是高考制度的受益者了，若不是凭着高考成绩上了大学，我恐怕还在内蒙古大草原上放羊——我不是说放羊的生活就不好，只是说若没通过高考，我的人生就会完全成为另一个样子。由此似可说明，考试分数确有不可忽视之作用。

不过，另一面我也要说，考试分数还真没一些人想象得那么重要。就拿最重要的高考来说，高考分数是一个敲门砖，敲开门之后，这个砖头的使命也就完成了。从学校进入社会之后，社会对一个人的认可体系远比一个单一的考分要复杂得多。由此又可说明，考分真的没那么重要——即它的作用是阶段性的，暂时的，绝非一击命中、无可阻挡的人生杀手锏。甚至就学习这件事而言，我也认为，爱阅读比考试得 100 分要重要得多。

可惜的是，很多人对此认识不足，表现就是一些家长一方面对孩子的考分过度敏感，另一方面又忽视了孩子阅读习惯的培养。

我儿子上小学后，学校也有大大小小的考试。一次儿子回家告诉我："这次考试，谁谁谁和谁谁谁又要倒霉了。"

我问："为什么呀？"

儿子说："他们没考及格，回去就会被弄！"

"弄？！"我很诧异，"怎么弄？"

"呵斥，骂，打，罚站。"儿子说，"他们妈妈就想让孩子考高分，考不了，就惩罚，谁谁谁和谁谁谁都被弄过多次了。"

我听后无语。孩子一两次考不好很正常，家长何必如此过敏呢？我和妻子从来不因儿子考试分数差就惩罚他，这次考差了下次用点心考好就得了嘛。我们倒是对孩子的学习状态比较在意，也把很大的精力放在培养他的阅读习惯上。事实上，阅读也是帮助孩子提高学习成绩的非常有效的手段，甚至是捷径。大量阅读是开启孩子智力的一根很好的魔棒。孩子一旦被这根魔棒激活，能在自主阅读中得到快乐，那他的学习能力就会得到很大的提升，而家长也不用过多地为他的考试分数纠结了——他的学习能力和学习效率提上去了，考个好分数其实是顺理成章的事。

　　我有一次参加家长会，听儿子的数学老师说，有的孩子做数学应用题总是出错，不是他数学不好，而是他的阅读能力差，理解不了题意。看看，阅读能力不仅关乎孩子的语文成绩，而且还影响数学学习，可见多么重要。

　　著名的教育家苏霍姆林斯基也特别重视阅读，他在《给教师的建议》一书中说："有时候，教师对学习有困难的学生说：你只要读教科书就行了，不要去读其他的什么东西，以免分心。这种意见是完全错误的。学生学习越感到困难，他在脑力劳动中遇到的困难越多，他就越需要多阅读：正像敏感度差的照相底片需要较长时间的曝光一样，学习成绩差的学生的头脑也需要科学知识之光给予更鲜明、更长久的照耀。不要靠补课，也不要靠没完没了的'拉一把'，而要靠阅读、阅读、再阅读，——正是这一点在'学习困难的'学生的脑力劳动中起着决定性的作用。"我认为阅读对孩子重要，是一个家长的直观感受，苏霍姆林斯基是举世公认的大教育家，他的话是对教育规律的高度总结。大家可以认为我的说法不靠谱，但不能拿苏霍姆林斯基的话当儿戏。

怎么看待分数和怎么看待阅读，这本是两个问题。我之所以要把这两个问题放在一篇文章中来说，目的就是想向一些家长建议：当孩子的考试成绩总是不如人意的时候，您不妨把注意力从考分上移开，想方设法多让孩子读课外书。等孩子的阅读能力上了一个台阶之后，他的考分亦会随之水涨船高。当然就我的本意而言，我坚定地认为，孩子爱上阅读，远比他考 100 分重要。

不能将背书一棍子打死

所有的家长都希望将世界上最好的东西传给自己的孩子，我也不例外。当决定把教育儿子当一件重要的事情来做的时候，首先遇到的问题就是：教孩子什么？市面上的教子秘笈数不胜数，各种才艺培训班也令人眼花缭乱。两三岁的孩子还不知道自己的兴趣所在，所以，这个选择必须父母先替他做出。最后，我和妻子决定教儿子诵读传统经典，我们初定的设想是，只要儿子能利用业余时间，在小学毕业前将"四书"（即《论语》《大学》《中庸》《孟子》

四部书）全部背下，就算收获不小。做出这样的决定，当然与我们对传统文化的理解有关。我从小到大，无论是读书期间还是参加工作之后，都一直保持着读书习惯，甚至自己还写了几本书。二十多年的读书、写书生涯，一番兜兜转转之后，我发现能让自己安身立命的还是传统经典中所蕴含的人生智慧。朱熹将"四书"定为中国文化的核心部分，应该说是目光如炬之举。宋代之后，科举取士一直以"四书"为教材，而这教材一用就用了一千多年。1905年科举制度被废除，"四书"作为标准教材的命运随之结束，但其在儒家经典中的核心地位一直不曾动摇。只有善于继承人类历史上的一切优秀文明成果，我们才能站在古人的肩膀上，开创出新的幸福生活。那种还没有认真读过传统经典就说古代文化是"封建糟粕"的人，除了证明其论断之轻率与内心之轻狂外，实在不能说明任何别的问题。

另外，我决定教儿子诵读传统经典，还与我早年的一段经历有关。我在读初中时，很喜欢文言文，遂将初中课本中所有的文言文都背下。当时只是凭着兴趣而做，可后来发现，此事让我获益匪浅、获益至今。因为背下一定数量的古文之后，我对古文的基本规律、语感、气韵等就有了切实的体悟，阅读文言文的能力随之大幅度提高。中国历史几千年，白话文的历史才一百多年。中国的绝大部分经典著作都是用文言文写的，如果阅读古文的能力不够，不

阅读

能顺畅地阅读文言文，岂不可惜？

我们决定教儿子背诵"四书"。但背诵"四书"之前，要先"热身"，妻子算是我的助理教练，她负责"热身"，在儿子两岁多就开始教他背下《三字经》《弟子规》。这些启蒙读物文字简洁，三个字一句，句子短，适合儿童背诵。但即便如此，小家伙刚开始背诵的时候，还是很慢。刚开始，他一晚上也就背下两三句。方法是：妈妈念给他听，给他讲解意思，然后再一遍一遍地领着他读。小孩子不能长时间地保持注意力集中，每天晚上只能学习十五分钟左右。但不要小看这十五六分钟的时间，坚持的日子一长，孩子背诵的速度就会提高，他学习的兴趣也会提上来。

有时候，小孩子也想偷懒，不背了。每个人都会有松懈情绪，这很正常。对教育小孩子来说，我认为孩子出现懈怠情绪之时，恰是考验家长耐心、智慧和决心之际。如果你这时犹犹豫豫，或者一时感情用事，"心疼孩子"，那么，孩子一次偷懒成功之后，就可能变本加厉，一而再再而三地跟你要赖，而你则步步后退。因此，在教育孩子的过程中，一定要讲原则，守规矩。

我们跟小家伙事前说好，每天读书、背书是必须的功课，而且时间只有十五到三十分钟的时间，谁也不能赖账。规则明确之后，遇到小家伙要赖，我们就先给他讲理，若讲理还不听，就启动惩罚措施。比如，若不完成学习任务，则取消周末逛公园的计划。这时，再让他选择。他若仍选择不背诵，也可，但惩罚措施一定要坚决执行，毫不妥协。

没有惩罚谈不上教育，没有惩罚，所谓的爱只能是溺爱。惩罚让孩子学会的不仅是认错，而是让他知道：人要为自己的错误选择付出代价。有此经历之后，孩子才懂得约束自己，不能凡事都由着自己的性子来。懂得约束自己，这是学会做人的极其重要之一步。

运动员的"热身"只是一会儿，但儿子背书前的"热身"则用了快两年的时间。不得不说，这是一个考验大人耐心的过程，但我和妻子还是坚持下来了。

儿子"热身"之后，我开始教他背诵《论语》。刚开始，我们背得很慢，每天晚上只背一两条——我先读一遍，然后讲解，之后让他跟着我读若干遍，之后再让他自己读若干遍，最后背诵下来。整个过程下来，要半个小时到一个小时。我们几乎每天坚持，形成了习惯。坚持一年多的时间，儿子在幼儿园还没毕业时，就把整部《论语》背下来了。随后，我又教儿子背下了《道德经》《孝经》《大学》《中庸》《孟子》。背下这些之后，儿子对古文就有了一定的语感。

通过教儿子背古文经典，我深刻地认识到，不能简单地将"背书"这种学习方式一棍子打死。背诵，除了开发孩子的记忆力之外，还有其他一些好处。比如，它可以培养孩子的专注力。如果精力不集中，他就背不下来。而训练出足够的专注力，对孩子日后学习其他功课也大有裨益。另外，背诵还可培养孩子的耐心和稳定性。背诵总要一遍一遍地重复，重复看似枯燥，其实是一次次地加深印象，背诵的过程也就是一个反复磨炼孩子的耐心并使其保持稳定情绪的过程。最后，诵读经典对孩子良好品格的培养亦有潜移默化的作用。传统经典之所以历经几千年而不衰，端在于它们在漫长的历史中接受了不同时代、不同人群的反复审视和验证，证明其有强大的文化生命力。用心诵读传统经典，实则可以打通古今，唤醒人性中美好的品行。

🌧 背诵到底有没有诀窍

有人知道我教儿子背下了"四书"及《道德经》等传统经典，一般会说："啊，这么厉害！"接下来就会问："背古文，有没有诀窍？"

现在我就把自己关于背诵的若干思考和盘托出，以供大家借鉴和批评。

首先声明一点，不管有没有诀窍，背诵最基本的方法就是一遍一遍地重复，这是一定的。如果有人想找个诀窍，免掉此道功夫，那显然是不可能的。在肯于下功夫、不怕重复的前提下，我下面所说的教孩子背诵的方法才适用。

首先，别把背诵想得太难，要在心理上克服畏难情绪。

很多人一听说要把传统经典背下来，心中立马一惧：这太难了！不可能呀。这么想的人自己多数并没怎么背诵过古文，他们的恐惧心理多半不是来自实践受挫，而是来自先入为主的畏难情绪，即事情还没等干，就先行判断此事极难，我干不成。此种心理不剔除，背诵效率自会大打折扣。若能克服此等畏难情绪，轻装上阵，背诵其实也没那么难。为什么这么说呢？因为背诵不是研究原子弹，不需要高精尖技术，也不需要你绞尽脑汁、苦思冥想，只需你一遍遍地重复读诵即可，只要读的时候不走神，一段文字重复读上个十遍二十遍总能背下来。一段百余字的古文，用不了一分钟就可读一遍，连读十遍用不了十分钟，这有何难？关键是要长期坚持，积少成多。在不断积累的过程中，孩子的记忆力自会迅速提升，原来需要读二十遍才背下的，慢慢地只需要读十遍就可拿下，再往后可能是五遍，乃至三遍。反正坚持背诵的时间越长，背诵也就会变得越容易。所以，背诵本身真的没那么难。只要肯下功夫，能坚持，就一定能成功。

其次，要利用记忆规律，避免死记硬背。现代心理学研究发现，记忆分两种，一种是有意识记忆，一种是无意识记忆，前者告诉自己要把它记下来，后者没想记下来可最后也记下来了。两种记忆方法各有特点，有意识记忆精准、牢固，但不免乏味，无意识记忆兴趣盎然，充满惊喜，

49

但充满不确定性。背诵显然属于有意识记忆，而且是强化的有意识记忆，即不但要记住意思，而且字词都不能出现差错。或许正因这一点，很多人才视背诵为畏途。其实，在背诵的时候，我们完全可以打通有意识记忆和无意识记忆之间的通道，借助无意识记忆的手段来帮助我们完成有意识记忆。

此话怎么讲？举例来说，你要让孩子背下一段一百字的古文，这一百字是有意识记忆。为了让孩子完成这一百字的有意识记忆，你应该花费相当的时间和精力向孩子提供五倍乃至十倍于此段文字的无意识记忆的内容，即你应尽可能地向孩子讲清楚这段文字的意思及相关背景，文中所涉及的人物和历史典故也要做生动的讲述。这些知识不需要孩子记住，但它们可以引发孩子的学习兴趣，帮助他理解背诵的内容。在理解的基础之上，背诵的效率就会提高。若不在帮助孩子理解上下功夫，只一味地督促孩子背诵，那就成了死记硬背，效率会降低。

在这一个问题上，我是有体会的。一般的国学班教孩子诵读传统经典都是不讲解的，认为没必要给小孩讲解。我在实践中发现这么做效果不好，于是就给儿子做详细讲解。讲解虽然会占用一段时间，但"磨刀不误砍柴工"。听了我的讲解之后，儿子的兴趣就被调动起来了，背诵的时候也不再"被动"，而是更加投入了。有了对比之后，我就每次都给儿子做尽可能生动的讲解，时间长了，儿子也于无意中知道了不少中国古代的文化知识。我发现，儿子懂得的事情越多，他的记忆力就提高得越快。可见，无意识记忆和有意识记忆是可以互相促进的。理解力越强，记忆的效率就越高；脑子里记下的东西越多，理解起问题来也就越容易。

最后一点，可能有人会说：你讲的这些只是你自己的体会，没有过硬的理论依据，如何让我等信服？那我就引著名教育家苏霍姆林斯基的两段话，他说："不随意识记（阅读有趣的书籍）有助于使人的思想活跃起来。人的思想活动越积极，他的随意识记就越发达，他保持和再现大量材料的能力就越强。如果一个人思考过的材料比教科书里要记熟的材料多好几倍，那么再照教科书去识记就不会是死记硬背了。"他还说："要建立不随意识记和随意识记之间的合理比例，这件事首先取决于教师。……通过你的讲述和对新教材的说明，就应当用火花去点燃青少年的求知欲、好奇心和渴望知识的火药。"有了苏霍姆林斯基的教育理论"撑腰"，我感觉自己说话才真正有了底气，也才敢于把自己的想法和做法拿出来与大家一块分享（否则怕误人子弟）。

阅读

学国学，先"收心"

最近几年，中国传统文化又受到了很多人的重视，这自然是好事。可是也必须承认，"国学热"中也有不少"虚热"的成分。我觉得不少人学国学最严重的误区，就是用力的方向错了。比如，有一些管理者学国学，美其名曰"学习传统文化中的领导智慧"，可实际上，他们多把关注点和注意力用在"如何用国学来管理下属"这个层面上（有的甚至学习如何用权谋、如何运用"厚黑学"），而不是"反求诸己"，用古人的智慧来矫正自己的言行。家长教育孩子也有类似的情况。不少家长督促孩子学习传统经典的热情很高，可自己却不肯学。用上述态度学国学，实在是对国学的误解、误用。中国的传统经典的核心理念一直是"内省"的而非扩张的，是"求己"的而非"求人"的，是"恕道"而非"霸道"。"恕道"是"己所不欲，勿施于人"，"霸道"则是"官大一级压死人"，是"胡萝卜加大棒"，是"认钱不认人"，是"只要结果，不问手段"。这两者差别极大。因此，无论是用功利的心态去学国学，还是用"霸道"的方法逼孩子学国学，其结果往往会收效甚微甚至南辕北辙。

孔子曾感慨："礼云，礼云，玉帛云乎哉？乐云，乐云，钟鼓云乎哉？"意思是，礼难道就是给人送玉送帛吗？音乐难道就是敲锣打鼓吗？显然不是。在孔子的心中，礼乐是一种非常高级的文化，在有形的玉帛、钟鼓之外，还有更高的价值理念存在。礼的核心精神是"敬"——拥有诚敬之心，给他人以尊敬，给自己以尊严；乐的核心精神是"和"——各种因素互相配合，最后达到高度和谐的境界。今天讲国学亦是如此。背下一些传统经典、知道一些历史典故就算学国学吗？学一点琴棋书画之类的才艺就算学国学吗？我看没那么简单。

国学的内容博大精深，实在不宜做简单化、功利化的理解。不过，如果问教孩子学国学最方便的下手处与最切实的得益处，我愿分享如下体悟：教孩子学国学，最核心的是要教会孩子"收心"，如果你在教孩子的过程中，自己也"学进去"了，并感受到了身心安稳的快乐，那么，恭喜您，您学对路了，教孩子也教对路了。

现在的社会人心浮躁。成年人在官场、商场、职场上拼命打拼，忙得晕头转向、身心俱疲，都不知"心"在何处了。受大人影响，不少小孩也越来越躁动，最直接的表现就是不能安静，你让他老老实实地坐几分钟都困难。这样的小孩，心是放逸的，动荡的，静不下来。你让他打电子游戏可以，让其安静地读书学习，他就十分不爽。我觉得，现在教孩子学国学，第一步就要先教他"收心"。

我教儿子诵读传统经典，最基础的功课也是"收心"。我每天拿出半个小时左右的时间教儿子读诵经典，只要儿

阅读

子在这半个小时里专心诵读，这一天就是成功的，因为他的心就没放逸。家长能一直坚持下去，需要恒心。小孩能坚持得住，耐心得到了培养。两方互相配合，坚持一年之后，习惯成自然，孩子自然就把心思往学习国学上用了。

在教儿子的过程中，我自己也确实对国学有了新的体悟和收获。我以前脾气急躁，现在有所好转；我以前对很多事看不惯，会生气，现在则平和不少，觉得很多事"犯不着生气"；我以前也对外界不满，爱抱怨，学习传统文化之后，争取做到"不怨天，不尤人"。凡此种种，都让我受益匪浅。这让我深信，长期学习以后，优秀的传统文化会潜移默化地影响我们，改变我们看待世界的视角，改善我们待人处世的方式，这便是古人所说的"变化气质"。"变化气质"才是学习国学的方向所在。

回过头来说"收心"。"收心"代表着一种心灵转向。"收心"是变浮躁郁闷为沉静从容，变茫然困顿为神清气爽，变不知所措为步步为营，最终，"转烦恼为菩提"，收获人生本有的充实与自在。

🌧 一以贯之的五种能力

孔子说："吾道一以贯之。"

一以贯之是很重要的，在当今这样一个时代尤其如此。

面对海量的资讯，没有一以贯之的取舍标准，你很容易被搞得头昏脑涨；面对众多的诱惑，没有一以贯之的品行和操守，你很难抵御；面对纷纭复杂、善恶交织的社会，没有一以贯之的人生方向，你很容易陷入迷惑、迷茫、迷乱之中。

成人如此，教育孩子亦如此。家长可以不知道小学、初中、高中各阶段各学科具体的教学要求和教育目标，可以不懂孩子学到的具体知识点，甚至做不出孩子的某些习题，但应该对孩子的学习和成长有一以贯之的关注。在这种关注中，孩子的五种能力尤其值得注意，这五种能力是：倾听、阅读、记忆、思考、写作。一个人学习文化，从小学到老，要学的知识成千上万，可根本的学习能力大概就这五条。

先说倾听。不少人非常忽略倾听，以为大家都长着耳朵，只要不聋，谁不会听呀？我可以负责地说，凡是抱着这种想法的人，他的倾听能力就大半有问题。很多孩子是这样的，他们可以安静听一小段时间，五分钟或十分钟，但不能专注地听上一两个小时。即便是成人，有些人也总爱在别人说话的时候边听边摆弄手机。放下有关礼貌的问题不谈，这种不好的倾听习惯足以损伤他的专注力，从而使其学习能力大打折扣。

投入地听和有耳无心地听，那效果绝对是不一样的。为了让孩子有一个良好的倾听能力，家长可在孩子很小的时

阅读

候就读书给他听，观察他聚精会神的表情，待他走神时及时将其拉回来。家里要尽量减少噪声，电视不要没事就打开，听音乐或看电视，要么不看，要看就专心地看。时间长了，孩子就能养成专心倾听的习惯，这样，他上了学也能认真听讲。

再说阅读能力。阅读在学习生活中的重要性完全可用"无可替代"四个字来形容。著名的教育家苏霍姆林斯基说："如果一个人没有在童年时期就体验过面对书籍进行深思的激动人心的欢乐，那就很难设想会有完满的教育。""学生对书籍的思考越多，他的内心由于书籍而激发的喜爱感越强烈，他学习起来就越容易。"阅读能力的训练和提升只能在阅读的过程中完成，此外别无他法。家长要想让孩子爱上阅读，最好是自己先做个好榜样，营造出浓厚的家庭阅读氛围，然后让孩子大量地阅读课外书。

记忆的重要性似乎不用说得太多，中国的各种考试，最基本的就是考记忆力。如果孩子的记忆力太差，那他在整个学生阶段几乎要处处吃亏。撇开应对考试的功利目的不谈，我们也必须承认，记忆力之高下，确实是学习能力强弱的一个重要指标。一般而言，抽丝剥茧的分析能力、明辨是非的判断能力以及条理清晰的表达能力，都是建立在博闻强记的基础之上的。因此，我主张对孩子的记忆力进行适当训练，以提升他的学习能力。

思考能力比较难以量化，但它是一个人创新能力的核心。一个孩子光会把老师教的东西装进脑袋，然后在考试的时候复制到试卷上，这是不够的。老师教给学生知识，目的也不是让他复制，而是要给他思考的材料，助燃他的精神腾飞。知识不带上人的体温，就是死知识，知识带上了人的体温，就成了智慧。思考就是要让知识带上人的体温，转化为智慧。一个人光记住了某些知识，他还是在地上行走，若他学会了用已经掌握的知识去思考，那他就从地上飞到了天上——他已经拥有了精神翱翔的翅膀。若说知识是走兽的话，那智慧就是飞禽，两者有着质的差别。

　　最后说说写作能力。我曾犹豫这一条要不要写上，但最后还是决定写上。为什么呢？在一个互联网的时代，我感觉写作能力的重要性不是降低了，而是加强了。随着现代社交工具的兴起，现代人的很多事务不需要见面就能解决，常常通过微信、电子邮件、QQ等来处理。使用这些工具，不需要丰富的表情和肢体语言，甚至都不需要语音说话，只需要写字或传文案、文稿就可以了。这么一来，如果一个人的写作能力好，岂不无形之中就占了很多便宜？因此，让孩子练就较好的写作能力，肯定于他的成长大有裨益。

　　我觉得以上五种能力贯穿于一个人成长的全部过程，对孩子的学习生活极其重要，家长宜加以注意，并进行一以贯之的培养、训练。

阅读

本章小贴士

1. 一个家庭若能把晚上看电视的时间用来读书，那家庭中的读书氛围也就营造得差不多了。

2. 若要让孩子爱读书，最好的办法就是家长也爱读书。若家长本来就喜欢读书，那要做到这一点很容易，只要"本色演出"就够了；若家长原本没有读书的习惯，那可能就得学做"演技派"了——为了给孩子一个好的影响，也要做出爱读书的样子，演着演着，说不定就会弄假成真。

3. 当孩子的考试成绩总是不如人意的时候，您不妨把注意力从考分上移开，想方设法多让孩子读课外书。等孩子的阅读能力上了一个台阶之后，他的考分亦会随之水涨船高。

4. 诵读经典不是研究原子弹，不需要高精尖技术，也不用绞尽脑汁、苦思冥想，只要一遍遍地读诵即可。只要读的时候不走神，一段文字重复读上个十遍二十遍总能背下来。

第三章

情 商

　　心理学研究发现，"任意表露情绪，可以强化情绪。相反，尽可能地克制情绪，则会削弱情绪"。而且，人的情绪还有互动性，即你投射出去的情绪会反弹回来，每次反弹都是一种强化。释放善意，收获善果；释放恶意，遭遇恶报。大哲学家亚里士多德也说："我们由于行使正义而变得正义，由于练习自我控制而变得自我控制，由于做出勇敢行为而变得勇敢。"可见，好情商绝对是可以练出来的，无论是大人还是孩子。

　　能不发火的时候尽量不发火，能不吵架的时候尽量不吵架，能不大呼小叫的时候就尽量别大呼小叫，总之要尽量让自己情绪稳定，处于平静放松而又清清朗朗的内心状态。练习腹式呼吸、瑜伽、静坐、太极拳等都对稳定情绪有帮助；多读书多思考，知书达理，"学问深处意气平"，自然更有利于让自己情绪稳定。家长自己情绪一天比一天稳定，然后再教孩子就会事半功倍了。

孩子的情商

　　最近看到一份关于家庭教育的调查，很有感触。这份调查是中国教育科学研究院所做的 2014 年《小学生家庭教育现状调查》，调查发现，家长现阶段最关心孩子的方面从高到低依次为：健康安全（65.95%）、习惯养成（55.47%）、日常学习（53.58%）、人际交往（37.89%）、自理能力（33.75%）、性格养成（28.09%）、兴趣爱好（19.47%）、情绪情感（11.93%）。在我看来，家长最先关注孩子的健康安全，这没什么错，但对情绪情感如此忽视则是大错特错。

　　从这份调查看，不少家长一方面忽视孩子情商的培养，另一方面却又热切地希望孩子在日常学习中有上佳表现，"智商一流"。可是实际上，日常学习的好坏更多地不在于智商高低，反而正在于情商好坏。原因很简单，就中小学的课程而言，普通的智商便足以应对。一些孩子之所以学习成绩差，原因不是他（她）智商有问题，而是情商方面有待改进。比如，他们的自控力太差，上课不能认真听讲；比如，他们情绪不稳定，在学习上遇到困难容易"崩溃"；比如，不够专注，无法集中注意力，等等。

　　为什么这么多的家长都忽视孩子的情绪情感问题呢？我想可能是很多人没意识到问题的重要性。"小孩嘛，本来就情绪不稳定。""小孩嘛，吃饱喝足了就知道玩。"可

情　商

实际上，这真是一个天大的误解。小孩虽然是孩子，但他们终究要长成大人。对成人，大家都知道情商的重要性，那凭啥对孩子的情商就不关注呢？难道一个小时候脾气暴躁的小霸王长大以后就会自动变成"暖男"吗？此种情况也不能说绝对没有，但概率肯定极低。

需要说明的是，情商的高低并不是天生的，而是跟后天的教育与自我训练息息相关。所有的情商高手都是长期训练出来的。好情绪和坏情绪都不是无来由的，心理学研究发现，"任意表露情绪，可以强化情绪。相反，尽可能地克制情绪，则会削弱情绪"。而且，人的情绪还有互动性，即你投射出去的情绪会反弹回来，每次反弹都是一种强化。释放善意，收获善果；释放恶意，遭遇恶报。大哲学家亚里士多德也说："我们由于行使正义而变得正义，由于练习自我控制而变得自我控制，由于做出勇敢行为而变得勇敢。"可见，好情商绝对是可以练出来的，无论是大人还是孩子。

那么，家长该怎样培养孩子的情商呢？

首先，家长自己就该重视情商，有意识地练习控制情绪、情感的能力。能不发火的时候尽量不发火，能不吵架的时候尽量不吵架，能不大呼小叫的时候就尽量别大呼小叫，总之要尽量让自己情绪稳定，处于平静放松而又清清朗朗的内心状态。练习腹式呼吸、瑜伽、静坐、太极拳等都对稳定情绪有帮助；多读书多思考，知书达理，"学问深处意气平"，自然更有利于让自己情绪稳定。家长自己情绪一天比一天稳定，然后再教孩子就会事半功倍了。我自己原来也脾气不好，急躁，爱发火，也是个情商很差的人。后来我开始练习打坐，练书法，读佛经，天长日久之后，我感觉还是有效果的。

其次，就是家长要多陪伴孩子，多跟孩子谈心。我儿子算是一个情绪比较稳定的小孩，但他也有情绪波动的时候。每当觉得他情绪不太对劲儿的时候，我和妻子就带着他散步，给他创建一个轻松愉悦的环境，然后跟他聊天，这种情况下他会向大人"倾诉"一番，说出自己的烦恼。我们帮助他分析分析，他想明白了，知道该怎么应对了，就又恢复稳定了。我感觉，家长应该及时地帮助孩子进行"心理排毒"，不让不良情绪在孩子的心中积压太久。坏情绪积压得太久，肯定于情商训练不利。

最后一点，阅读对培养孩子的良好情绪很有帮助。这一点在我带儿子诵读传统经典时就有深切体会。孩子跟着你反复阅读一段经典，这本身就是在培养孩子的耐心；读的时候聚精会神，"眼到口到心到"，这是在训练专注力；天天坚持，持之以恒，这在无形中就培养了孩子的意志力。若说背诵下来的经典著作算孩子的显性收获的话，那上面这几条就算是隐性收获。两者相比，我更看重隐性收获，

情商

因为隐性收获对养成孩子的良好情商帮助更大。

💭 情绪管理也要从娃娃抓起

　　情绪管理贯穿我们的整个人生，每个阶段都不能忽略，孩子也应该有孩子的情商。如果一个人在幼年阶段没有学会情绪管理这一课，那么其成年之后的情商就可能大有问题。2014年，媒体曾报道一则新闻：福建闽侯的林某，离婚之后就开车到处撞人。这是一个情绪失控的极端案例，从某个角度看，此案例不也恰好说明情绪管理的重要性吗？一个人如果管理情绪的能力太差，不但自己很难在社会上获得认可，而且有时还会给他人造成严重的伤害。

　　那么，培养孩子的情绪管理能力该从哪些方面着手呢？

　　其一，家长应该做表率。孩子的情绪其实极容易受大人情绪的感染，如果大人情绪起伏太大，甚至是躁动不安，那就很难让孩子情绪稳定。家长要先意识到控制自己情绪的重要性，然后再采用适合自己的方法切实"修行"，一点点地提升自己管理情绪的能力。管理情绪的理论、方法有很多，儒家有"哀而不伤，乐而不淫"之说，道家有"顺其自然"之道，佛家有"打坐禅修"之法，基督教有"爱是恒久忍耐"之理。这些理论、方法有一个总原则，就是都要人懂得自我约束，不可放纵自己的情感，任其泛滥，一定要"发乎情，止乎礼"。

其二，家长应让孩子多参加有利于培养稳定情绪的活动。中国古人有"琴棋书画"之说，意思是这四种才艺对修身养性大有好处。事实上也确实如此，这些才艺本身就要求人情绪稳定、精力集中，对训练孩子的情绪管理能力是大有裨益的。另外，背诵传统经典也很有效。

其三，不能溺爱，对孩子的不合理要求坚决说"不"。现在，人们的生活普遍富裕了，于是很多人就总是在物质上尽量满足孩子。孩子总是要风得风，要雨得雨，时间一长，他就以为这一切都是应该的，一旦自己的要求得不到满足，他就会大哭大闹。大人常常受不了孩子的哭闹，于是就不断满足他的要求，得手几次之后，孩子就会形成了习惯。如果一个孩子经常大哭大闹、大喊大叫，那么，家长就应该有所警惕：您是否忽视了孩子的情商培养。我和妻子很早就跟儿子讲：你有什么要求都可以提，合理的一定满足，不合理的再哭再闹也没用，越是哭闹，越是不会满足你的要求。这条原则在实际生活中得到了坚决贯彻，儿子用哭闹的方式几乎没有得到过任何好处，有时甚至还招致惩罚。这样一来，儿子也就慢慢地学会"有话好好说"了。有些事他非要去做，但只要我和妻子坚决不许，并把道理给他讲清楚，他也能接受。这证明他是个"讲理"的小孩，而不是个"任性"的小孩。

情商

在晚清，英国人约翰·弗朗西斯·戴维斯来到中国，他后来做了第二任港督，他写了一本很有名的书《崩溃前的大清帝国》，在书中，他批评中国闭塞、贫穷等缺点，但也由衷地赞叹：中国人有着世界上其他民族少有的好脾气，几乎总是不急不躁，善于克制自己的情绪。拿外国人当年对中国的观感对比现实，我真的是"感慨系之矣"！在今天的中国，急躁、焦虑几乎成了人们的"常态情绪"，很多成年人都没有良好的管控情绪的能力，一遇到不顺心的事就怨天尤人，乱发火，乱发飙。为什么会这样？中国人曾经的好脾气为什么丢了？原因当然很多，但上一代中国人就忽视了培养孩子的情商亦是一个重要原因——上世纪五六十年代的国人，忙于阶级斗争，本身就火气很大，哪有心思培养孩子管理情绪的能力？上一代人吃了这方面的亏，我们这一代人不应该再吃了。

越是在人心浮躁的时代，我们越应该加强培养孩子管理情绪的能力。否则，中国的下一代人势必更加心浮气躁，更加焦虑不安。

情绪管理，请从娃娃抓起。

孩子的"稳定性"

有人总结著名围棋高手常昊的特点，说他几乎不下臭棋，也很少出错，堪称"稳定性"最佳的选手。在中国象棋界也有这样的顶尖高手，那就是许银川，人称"少年姜太公"，意思是"少年老成"，自控力强，每次对弈都能保持高水平发挥。不要小看了这种"稳定性"，"稳定性"有时就是可靠性的代名词，它不唯在赛场上极为重要，在一个人的学习、生活、工作中都很重要。参加过高考的人都有这样的印象，不少平时学习非常好的同学，就因为在高考的时候发挥失常，便没能考进理想的大学，或者干脆名落孙山。这些同学之所以发挥失常，就是因为"稳定性"差——不能稳定地发挥出真实水平。

小孩之所以被称为"小孩"，很大的一个原因就在于他们的"稳定性"不及大人。我们陪伴孩子成长的过程，在某种意义上其实就是帮助孩子提高"稳定性"的过程。当然，没有大人的帮助，随着年龄的增长，绝大多数孩子的稳定性也会有所提高，可是，如果家长在孩子成长的过程中有意识地加以训练，那孩子的稳定性能就更好。

孩子的稳定性怎么测试？又该怎么培养？方法很多，不能一一列举。在此只谈几点方向性的体会。其一，孩子的情绪是否稳定，这是衡量孩子稳定性的一个重要指标。人是情感动物，其可贵之处在于人类有慈悲心，能对他人的苦难有感同身受的体悟，这种体悟会唤醒宝贵的同情心，能激发出大爱；其不利之处在于人的能力经常受情绪的干

情商

扰，情绪稳定的时候，能力会充分地发挥出来甚至还能超常发挥，可情绪不稳定的时候，发挥就失常，就有"关键时刻掉链子"的情况发生。对孩子来说，他们的情绪本来就没大人稳定，一会儿哭了，一会儿又笑了，悲喜之间的转换比较快速、频繁。虽然如此，若一个孩子的情绪变动过于激烈，经常大哭大闹，或者高兴过了头，亢奋不已，那就说明他的稳定性还有待提高。

需要说明的是，孩子的情绪受家长影响非常大，如果您想让自己的孩子有比较稳定的情绪，您自己就先要情绪稳定，不要让自己的情绪波动太大。如果父母之间老是大喊大叫、大哭大闹，那么孩子多半也会情绪躁动，顽劣任性。我老婆脾气很好，从来不跟我吵架。大人情绪稳定，不吵架，我儿子的情绪也相应地比较稳定，很少大哭大闹。

其二，孩子能否长时间地保持注意力集中，这是衡量其"稳定性"的又一把尺度。若一个小孩一刻也不能安静，过分调皮，那就说明其"稳定性"有待提高。这样的孩子，连安静都做不到，在课堂上怎么能精力集中地听课？不认真听课，怎么能学习好？坐都坐不住，如何能"做学问"？光靠"静坐"当然不能代替"做学问"，但是，若起码的"坐功"都没有，那是根本无法"做学问"的。这一点毫无疑问。

我有一朋友是书法家，他教小孩学书法，遇见一个孩子特别好动，根本坐不住。他对治的办法就是：你先给我安静地坐上五分钟，然后我才教你写毛笔字，你若不好好坐着，连毛笔都不许动！用这种强制命令促使他先安静下来，心静下来了，毛笔才能拿稳，练字才有效果。否则，毛毛躁躁地上阵，火急火燎地想把字写好，结果往往是越想写好越写不好。

其三，每天坚持做有意义的事，养成习惯，对训练孩子的稳定性作用极大。佛教徒每天要做"早课晚课"，基督教徒每天有"早祷晚祷"，其他教徒也有类似的"功课"。我发现，这种天天坚持的"功课"，对训练人的稳定性效果极大。天天坚持，就养成了良好的习惯。良好的习惯就会极大地提升一个人的稳定性。我每天坚持教儿子诵读传统经典，儿子一天天地坚持，开始的时候，他背诵还受情绪影响，有时背得快有时背得慢，有时"在状态"，有时"不在状态"。坚持了两年多之后，儿子不但背诵的速度越来越快，而且"稳定性"也极大提高，一段两三百字的古文片段，他连续读个五六遍就能背诵下来，很少"不在状态"。我想，这就是坚持的力量。不断地坚持一个好习惯，到了某个临界点，生命中本有的巨大潜能就会被激活，并稳定地发挥出来。

一个社会的发展需要稳定，一个人的发展也需要稳定——稳稳地成长才是真正的成长。能稳步地提升自己，并能在需要的时候稳定地发挥出自己的水平，一个人若真

情 商

能做到这两点，那他的前途一定非常光明。因此，孩子的"稳定性"问题绝对值得重视。您能让孩子的"稳定性"指数提高一分，您的放心指数就会增加十分，操心指数就可下降二十分，惊喜指数可能就会提高三十分到五十分。如果不信，那您不妨试一试。

🌧 孩子的尊严

　　每个人都有自尊心，这是上天赋予的。好的教育和好的社会体系会设法呵护、提升人的尊严，不会轻易伤害任何人的自尊心。坏的教育与坏的社会环境则反之。古人讲"士可杀不可辱"，亦是讲人的尊严之可贵，这道理很多人都懂。可是，一旦落实在教育中，很多人却极容易忽视孩子的尊严。不少成年人认为，小孩就知道吃喝拉撒，哪懂什么尊严呀？这种观点是错误的。孩子不但有尊严，而且他们的尊严有时比大人的还细腻，有时也更容易被侵犯。

　　举个例子就能很容易说明问题。有一天下午放学，儿子刚进家就显得一脸委屈。妻子赶紧问他，你遇到什么事了？怎么不高兴？跟我们说说。

　　妈妈一问，八岁的儿子瞬间崩溃，哇哇大哭，边哭边诉说了委屈。原来，他们班这学期新换了英语老师，这位老师给他们上课一个多月了，上课提问的时候还没提问过我儿子他们小组里的同学。我儿子是那个小组的组长，这伙儿小孩就觉得自己被老师忽略了，感觉不受待见，很委屈，跟儿子说。儿子也没办法，且也感觉委屈，最后就憋哭了。他跟我们说："我们小组的同学如果性格内向也就罢了，可他们都是比较活泼的，老是不被老师提问，他们都快憋死了！"看来，儿子说出的，并不是他一个人的感受，而是他们小组孩子的共同心声。

我们赶紧做"思想工作"。妻子说，你们英语老师并不是有意忽略你们小组的同学，只不过她是新来的，还没有全部认识你们班的同学，对你们小组的同学还不够熟悉。等她与你们熟悉了，情况就会好的。我也赶紧现身说法，我说爸爸给大学生上课，那个班还不到 30 名同学，爸爸每周上一次课，都用了快半个学期才把班上的同学认全。你们一个班就 40 多人，英语老师又不是教你们一个班，那么多同学，她肯定不会一下子都记住名字的。老师可能也想提问你们，只是暂时还记不住你们小组同学的名字而已。你把这种情况跟你们小组的同学解释一下就可以了。而且，你也可以找合适的时候跟英语老师说一下，老师也一定会关注你们的。

儿子一听，有道理，遂不哭，很快就去干别的事了。

看看吧，孩子们的心灵多敏感！他们的自尊多么容易被伤害！在大人看来根本不是事的事情，在孩子的内心里却可

情商

能无比重要。成人渴望被领导赏识、提拔，受人尊重，孩子也一样，只不过他们渴望尊重的方式与成人有所差别而已。我们怎么能说孩子没有自尊呢？

当然，他们的自尊心容易受伤，也比较容易修复——只要家长和老师有意呵护，及时疏导。可是，如果家长在这方面缺乏意识，就会在有意无意之间让孩子的心灵"很受伤"。家长好攀比，爱唠叨，常常指责孩子，尤其是在众人面前揭孩子的短，都会伤害孩子的自尊心。

还有一些人，爱在人堆里说孩子的"笑话"，戏弄孩子，或者故意让孩子出丑，大人的这些看似是"逗孩子玩"的言行，也会深深地伤害孩子的自尊心，甚至让孩子对大人失去信赖。我小时候生活在农村，六七岁的时候就会下象棋，且水平不错。村里有人跟我下棋，下不过我，这原本正常。可是，旁边有很多观战的，他们觉得这个小孩很聪明，就故意"使坏"，在一旁偷我的棋子。这些人本身也没有恶意，就是想逗一个小孩玩玩而已，可当时却把我气得大哭，那种无助感和莫名的气恼直到今天我都记忆犹新。我当时就想，这些人怎么这么无赖！下棋输了就偷棋子，而且还是一帮大人欺负一个小孩。

一伙儿成人把一个孩子气哭之后的哄笑和一个小孩无助的哭声，成了我对家乡和童年生活的一帧经典画面。到了今天，我当然不会再怨恨当年那些偷我棋子的家乡人，可是，我对故乡的回忆中始终有着这么不愉快的一幕记忆。并且，离开家乡这些年来，遇到可以回老家也可以不回老家的时候，我总是选择不回去。路远、工作忙当然是理由，但在内心深处我也必须承认，我对故乡的情感确实无法做到像很多人描写的那么温馨动人、情意绵长。

我现在写出这些，不是为了谴责任何人，只是要告诉大家：孩子也有自尊心，他们的心灵和情感更需要呵护，而非漠视，更非伤害——不论是有意还是无意。

客气也伤人

田田和小歌同岁，都是小女孩。两个小家伙的家又在一栋楼里，两个小孩自然而然地就玩在了一起。看着孩子有了好伙伴，她们的家长也很高兴。孩子在一块玩久了，两个孩子的妈妈也成了好朋友。两个小孩各有特点，田田安静，聪慧，非常懂事；小歌活泼好动，古灵精怪。其实这都没问题，问题是两位妈妈忍不住要评判两个孩子，而且还是常常拿别人家孩子的优点来比自家孩子的缺点。

田田妈妈说："你看人家小歌……"小歌妈妈说："你看人家田田……"这是在批评自家孩子；

"我看你们家田田很好，爱学习，成绩又好，小歌就不行，不爱读书，作业也总是拖……"这是小歌妈妈在表扬田田。

情商

"田田学习倒是还行，可是……这方面就不如你们家小歌……"田田妈妈常如是回应。

田田妈妈和小歌妈妈之间说的话有相当大的成分是出于成人之间的客气，可是，在两个孩子听来，妈妈的话分明表明她不喜欢我，而更喜欢自己的小伙伴。两个孩子均向自己的妈妈抗议，大意是，你为什么那么喜欢田田（或小歌），却不喜欢我？

两个妈妈没太在意。但后来，田田不再到小歌家去玩了，小歌也不再到田田家去玩了。她们在幼儿园时还是好朋友，可到小学一年级，仍在一个班的两个小女孩竟然疏于来往了。

这个故事绝非杜撰，而是田田妈妈亲口跟我说的，我也认识这两个小朋友。为了保护她们的隐私，我在这里使用了化名。

家长教育孩子，切忌攀比，这是一个简单的道理。可是，在实际生活中，我们每个人在成长的过程中都受到过"别人家小孩"的精神伤害——在"别人家小孩"的光芒照射下，我们也曾狼狈不堪。需要说明的是，现在的家长一般都知道这个道理，不再有意拿"别人家的孩子"来伤害自己孩子的幼小心灵。田田妈妈和小歌妈妈都是现代女性，待人接物很不错，她们的本意也不在比较两个孩子的优劣，更多的时候是出于一种客气。可是，客气也伤人——成人之间的客气对孩子来说有时就是一种心灵伤害。

为什么会这样？道理其实很简单。成人之间的客气是成人社会的游戏规则，是一套复杂系统，这种复杂不是孩子幼小的心灵所能充分理解的。听客气话不能光听表面，这对成人来说是很容易的事，可对单纯的孩子来说却难以把握。客气话是一种人情世故，是复杂社会条件下催生出的一种自我保护技巧，也可算是一种"无奈的智慧"，其性质跟全国政协十二届二次会议新闻发言人所说的"你懂的"差不多。在那种特定的情况下，他说"你懂的"，全国人民确实就懂了。可是若对一些根本不了解中国国情的因纽特人说"你懂的"，他们能懂吗？"白天不懂夜的黑"，小孩也无法理解成人之间的客气。客气之中含有不少"假的"信息，孩子还不具备去伪存真的能力，所以常常"认假为真"。当妈妈的"假话"中有刻意抬高别人、贬低自己的成分时，孩子真的就认为妈妈是不喜欢自己的，进而她们还会分析，造成这种状况的原因是小伙伴成了自己的竞争对手。为了避免"残酷的竞争"，小孩子就不得不采用放弃彼此交往的办法来减少自己所遭受的伤害。

有人可能会说，我教孩子尽快适应"客气话"不就可以了吗？反正孩子早晚得适应社会，让他早点适应，他不就早点成熟吗？这种想法是极端错误的。负责任的家长绝对不能干那种拔苗助长的事，而是要尽可能地呵护孩子的天

情商

性，让其自然而然地成长。家长教子的努力方向应该是尽量净化孩子的观念和世界，而绝不能过早让其接受"污染"。因为孩子是弱者，他们心智尚未成熟，必须先在一个简单、纯粹，充满爱和美好的环境慢慢成长。等长到足够大的时候，他对成人世界的一套游戏规则自然就有了认知，那时，客气话也就伤害不了他了。甚至，即使你在特定情况下说一句"你懂的"，他也会心有灵犀，粲然一笑，他真懂了。

🌥 莫让面子遮蔽慧眼

美国著名汉学家明恩溥写过一本很有名的书，叫《中国人的气质》，其中谈道："'面子'这个词本身是打开中国人许多重要特性之锁的钥匙。"他说，中国人做很多事，不是为了"表达诚意"，而是为了保全"面子"。中国人爱面子的特点体现在工作、社交及生活的各个角落，即便是在教育子女的问题上，很多人依然过不了"面子关"。

儿子上小学之后，我发现不少家长都对孩子考试的分数十分在意，若孩子考得不理想，家长就会觉得没面子；给孩子报个特长班，若孩子在班里学习不够好，别的孩子表现突出，竞赛拿了奖，而自己的孩子一无所获，家长也觉得脸上无光。实际上，一个人若处处在意面子的话，其心灵必定要承受不必要的打击和煎熬。这还不算，如果家长在教育子女的问题上过分重视面子，那就会让面子遮蔽慧眼，忽略了家庭教育中的真正重点，致使家庭教育"技术动作变形"。

好面子的心理太严重，家长的心就不纯正了。扭曲的心态会让家长忽略甚至是忽视了教育的过程，使其在教子的过程中感受不到应有的乐趣，也掌握不好教育子女的好方法和好火候。久而久之，家长觉得教育孩子是件费力不讨好的事，孩子也觉得被老爸老妈逼着学习很烦，双方都筋疲力尽，苦不堪言，这样的家庭教育当然不成功。有鉴于此，儿子上学之后，我就明确告诉他：你不用害怕考试，我和妈妈绝不会因为你考试分数低就责骂你，也绝不要求你一定要考多少名之前，你只要认真学习即可。有了这个"免死金牌"，儿子的心态就比较放松。每次考试之后，他都感觉自己很幸福——因为很多小朋友都担心考不了高分会挨家长骂，而他不用担心。有一次，他语文考得很低，跌到了班里的倒数十名之内，这很出我的意料之外。他的学习成绩一向不错，况且语文还是他的强项，怎么会这样呢？但我和妻子依然信守诺言，没有斥责他。

我拿过试卷仔细看了看，发现了问题：本来他写字还算工整，可这份试卷却字迹潦草，注音题也有好几处明显马虎的错漏。我和妻子分析，之所以出现这种情况，是因为他态度不端正，考前没好好复习，考试时也不够认真。于是，我跟儿子说："一次考得不好没关系，只要找到原因，改正错误，下次考好就可以了。"然后拿着试卷帮他分析了一番原因。他对我们先安慰、后再帮助其改进的做法很领情。几天之后，他们又一次语文考试，他考了 100 分。他说："上次考试，我跌了一跤。这次我不能再跌。"有了这番转变，此前的考试失败对他来说不也是很好的心智锻炼吗？

我觉得，家长要教子有成，首先就应放下虚荣心，度过"面子关"，把目光从对孩子学习成果的过度关注转移到对教子过程的用心投入上，因为过程远比结果重要。这就像果树栽培，其核心是学习栽培的技术（如何栽种、如何浇水、如何剪枝、如何护理等），而非总想着采摘果实。如果你在整个栽培的过程中，每个步骤都做得很正确、很用心，那么，收获果实就是一件天经地义、自然而然的事。佛经有言：菩萨重因不重果，凡夫重果不重因。说的就是这个道理。专注耕耘，种下善因，必得善果。否则，光想着摘果子，却在栽培的过程中屡犯错误，那岂不事与愿违？

说到这里，我觉得家庭教育甚至整个教育成败的标准也需要做必要的矫正。教子成功与否，根本点不应是孩子争得了多少奖状，或考试得了多么高的分数，而应看孩子的学习兴趣是否被激发出来，孩子自主学习的能力是否有了提高。只要孩子在后两个方面有持续进步，那教育就是成功的。原因很简单，只要孩子具备了自主学习的能力，那他就一定会在学习的过程中体会到乐趣，这种乐趣本身就是对他学习活动的最大奖赏，其意义远远比考分和奖状重要得多。多次体验到学习的乐趣之后，孩子自会爱上学习。对一个热爱学习的孩子来说，考试得高分或者在某项竞赛中得个奖，那不过是他学习生活中的一个副产品而已，很有点"搂草打兔子"的意味。

常到野外转转

有一首歌叫《常回家看看》，那是提醒成年人孝敬父母的。孝敬父母要常回家看看，那么教育小孩呢？我觉得应该是带着孩子常到野外转转。两件事虽然方式不同，实质却是一样的，那就是对家人的真心关爱。年老的父母看到子女回来看自己，他们很高兴；爸爸妈妈带着小孩到野外去游玩，看看花花草草、虫鱼鸟兽，小孩也很高兴。

孔子当年教弟子，就告诉他们要多读《诗经》，说"诗可以兴，可以观，可以群，可以怨"，还可以"多识于鸟兽草木之名"。"兴"是抒发感情，"观"是考察社会生活，"群"是与大众相互交流，"怨"是指对苛政的批判。这四者作为一个整体，谈的是艺术对人生、对社会生活的积极功能。接下来补充的"多识于鸟兽草木之名"，则强调人对大自然的感知能力。可见，孔子的教育观还是很全面

情商

的，不仅要使弟子成为一个对家庭、对国家有益的人，而且还要培养弟子对大自然的敏感度，让人充分了解大自然，用心欣赏大自然，甚至对大自然中的一花一木，一鸟一兽，只要耳目所及，都抱有一份相当的兴味与深情。用现代的教育学理论讲，这等于是一种全面的生命美学教育。

现在的城市孩子，绝大部分时间都生活在钢筋水泥构建的楼房里，去野外的机会比较少，相应的，对山山水水、虫鱼鸟兽也就比较陌生，他们感知大自然的能力也有钝化的苗头。有个段子说，一位美术老师让学生画长在地里的白菜，不少学生一脸懵懂。原来他们看到的白菜不是在冰箱里，就是在超市里，压根就没见过长在泥土中的白菜。还说，有不少学生似乎真的认为，鸡蛋就是在他们家的冰箱里长出的，而不是母鸡下的。这些段子固然有夸张的成分，但它所要表达的现代城市小孩对大自然那份陌生却是真实的。这种陌生感的消除，不是说你带着孩子多去几次动物园，让他看看可爱的小兔、猴子就可解决的；亦不是说你们一家在周末去近郊游玩几次农家乐，站在农民伯伯的院子里撒撒欢就能补上课。对于小孩来说，让他多看科普书籍，当然也有助于"多识于鸟兽草木之名"，可书本知识毕竟没有真实的野外观察来得真实，生动。

我住的小区南面有一座山，有人说此山叫双龙山，有人说叫饿狼山。据说这山里曾有过狼，不过现在早已不见了狼的踪影，"龙"就更不要指望了。即便如此，山上依然草木丰茂，鸟兽不少。山脚的平地有人种植棉花、地瓜、玉米及各种蔬菜。我和妻子就经常带着儿子去爬这座山，儿子对许多动植物的感性认知，多半都来自爬山游玩。有关农作物的种植技术及生长情况，多由我来给他讲解——我早年的农村生活经验终于派上了用场；对于土鳖、椿象、蜗牛等小动物观察则是儿子的强项，他常常饶有兴趣地看上好长时间，然后再把从书中得到的关于动物的种种习性向大人讲述一番。即便是山上的石头，儿子也能区分出哪种是石灰岩、哪种是花岗岩。我感觉，到了野外，孩子的生命就会变得舒展、灵动，就像无遮无拦的旷野一样。大自然的花草树木，虫鱼鸟兽比最好的玩具都让孩子着迷。再好的玩具，时间一长，孩子就厌倦了，可是到野外游玩，孩子每一次都玩得很高兴。

多带孩子到野外转转，孩子在大自然中与动植物打交道，时间长了，他对大自然的爱和对生命的爱也就有了更真的体悟和更深的表达。蜗牛一感到有危险就缩进壳里，土鳖一被触碰就本能地将身子缩成一团，通过装死来躲避危险。通过这些，儿子知道，再小的动物都知道保护自己的生命，它们都害怕受到伤害。有此认知之后，儿子就从来不伤害小动物。有一次，朋友的孩子带来一条小蛇，想把它在山上放生。我就带着这两个小孩去放生，小蛇很配合，走的

情商

时候还几次回头，似乎是在表达一种感激。当小蛇爬进草丛、重回大自然之际，两个孩子的表情看上去也很让人动容，那是一种既庄重又欢愉的表情，有对小蛇的祝福，亦有对生命自由的礼赞。

在钢筋水泥的包围之中，多带孩子到野外去转一转，这不仅可以让孩子多呼吸一些新鲜空气，说不定还能激活孩子的诸多灵性。

本章小贴士

1. 多跟孩子谈心，及时地帮助孩子"心理排毒"。

2. 天天坚持，就养成了良好的习惯。良好的习惯就会极大地提升一个人的稳定性。

3. 您能让孩子的"稳定性"指数提高一分，您的放心指数就会增加十分，操心指数就可下降二十分，惊喜指数可能就会提高三十分到五十分。

4. "白天不懂夜的黑"，小孩无法理解成人之间的客气。客气之中含有不少"假的"信息，孩子还不具备去伪存真的能力，所以常常"认假为真"。

5. 好面子的心理太严重，家长的心就不纯正了。

情商

第四章

陪 伴

　　陪伴小孩，进步的不仅仅是孩子，家长也有收获。看着孩子一点点地长高，你很快乐；看着孩子仰望星空，给你讲述他了解的太空知识，你很快乐；看着孩子能熟练地运用词汇，语言表达越来越有条理的时候，你也很快乐……时光飞速流逝，蓦然回首时难免会有"老之将至"的喟叹与惶恐，可是，有了孩子的陪伴，你在感到岁月飞驰的同时，也能看到一个新的生命正生机勃勃地成长。如此，惶恐就变成释然，喟叹虽有，也变得淡定许多。自己虽在慢慢老去，可孩子正在茁壮成长，生命之河奔流不息，代代之间，薪火相传，而又各具使命。如是，如是，甚好，甚好。

家庭教育的 "太空时间"

"太空时间"的概念是为改善夫妻关系提出的。什么意思呢？人要上太空，不能带太多的东西，因为每增加一斤的重量都要耗费许多燃料，为了节能，能不带的东西就不带，此其一；其二，到太空去，两个人要在太空舱里待相当长的一段时间，这是一段"必须共处"时间。于是就有人提出了"太空时间"的概念，即夫妻两人要有意识地共同度过一段很特别的时间。在这段时间里，双方都要"清空"不愉快的记忆及种种不良情绪，绝不能争论或互相抱怨，而要坦诚相见，共享安静美好、温馨和睦的二人世界。

我发现，"太空时间"不仅对改善夫妻关系适用，对教子亦有借鉴价值。家长和孩子之间也应设法构建"太空时间"。当然，最好是每天都有一段"太空时间"，在这段时间里，家长不要干别的事情，就专心陪着孩子一起度过；孩子也不要干别的事情，就跟家长做约定好的事情。长期坚持，亲子关系必会大大改善。而且，家长和孩子如果在"太空时间"里长期坚持学习某项技能，那么日久天长，这种学习可能就成为很有特色的"家教"。

我和儿子的"太空时间"在晚上。晚饭之后，我们一块出去散步，沿小区东侧的马路走一个来回，大概就得半个多小时的时间。儿子若再去观察一下草丛中的金龟子、千

87

陪伴

足虫、蜈蚣等，时间就会延长一点；如果遇上天空晴朗，父子两人再仰望星空，他辨认一下猎户座、织女星什么的，那时间就又会多一点；如果他再遇上同学，两个小孩子再玩一会儿，那时间就还得延长。总之，先带他出去遛，让他玩高兴了。个把小时左右，回家，开始学习传统经典。我先给他讲解，然后带着他朗读若干遍，再让他自己朗读若干遍，直到将这一段文字背下来。这段时间大约半个小时。也就是说，一般的情况下，我和儿子每天大约有一个半小时的"太空时间"。如果妻子下班回来得早，她也会跟我们一块去散步。我和儿子读诵经典的时候，她就在另一个房间看书。儿子背下一段之后，高兴了还会去跟妈妈展示一番，有时还现学现卖地给妈妈讲解一番。妈妈看着儿子眉飞色舞的样子，自然是不吝表扬。

这段"太空时间"坚持了两三年之后，我发现效果还是不错的。最直接的成果是儿子背下了好几部古代典籍。除此之外，我觉得还有如下收获：其一，亲子关系很不错。儿子很愿意跟父母聊天，有时参与讨论，发表他自己的看法。他在学习上、生活上有什么心得也愿意说出来，与父母一块分享。这样，我们家长就能很好地了解他的心理动态，也能对他学习中遇到的问题给予有针对性的点拨。老爸、老妈支的招管用，儿子也就更信任爸爸、妈妈。孩子信任你，家长再教他什么就容易许多；若孩子老是跟家长玩逆反，你教起来就费劲。

其二，能使孩子抵制不良诱惑。现在的小孩都爱玩电子游戏，不少人玩起来还不懂节制，上瘾。这对孩子的成长很不利。有人说，那些打游戏上瘾的孩子，往往都是内心孤独、缺少父母陪伴的孩子，孩子多是在孤独、无聊的时候才爱到网络世界、游戏之中去打发时光的。我和儿子有"太空时间"，儿子上网玩游戏的时间就很少，更不会游戏上瘾。

其三，有了"太空时间"，大人自己也更能感到家庭的温馨、教子的快乐。陪伴小孩，进步的不仅仅是孩子，家长也有收获。看着孩子一点点地长高，你很快乐；看着孩子仰望星空，给你讲述他了解的太空知识，你很快乐；看着孩子能熟练地运用词汇，语言表达越来越有条理的时候，你也很快乐……时光飞速流逝，蓦然回首时难免会有"老之将至"的喟叹与惶恐，可是，有了孩子的陪伴，你在感到岁月飞驰的同时，也能看到一个新的生命正生机勃勃地成长。如此，惶恐就变成释然，喟叹虽有，也变得淡定许多。自己虽在慢慢老去，可孩子正在茁壮成长，生命之河奔流不息，代代之间，薪火相传，而又各具使命。如是，如是，甚好，甚好。

陪 伴

家长的"磁性"战术

上过学的人大概都有这样的经验：如果数学老师很优秀，那数学就会成为学生最喜爱、最感兴趣的学科，相应的，这个班的数学成绩就会不错；如果语文老师很优秀，很有人格魅力，那语文也会成为同学们最喜爱、最感兴趣的学科，相应的，这个班的语文成绩就会不错。其他学科也一样。而且，我还相信，在我们一生求学的道路上，总会遇到几位优秀的老师，他们的言传身教让我们受益无穷，我们对这样的老师也一直心存感恩。

有人可能会问：这个现象正说明了学校老师的重要性，对家庭教育有什么作用？我的回答是：家庭教育亦可从中受到启发。什么启发？教育效果的好坏，不仅与教什么有关，更与谁来教和怎么教关系极大。学校教育如此，家庭教育亦然。同样的教育理念和教育内容，让不同的人来教，效果是不一样的。优秀的有魅力的人来教，孩子就极容易被吸引，也愿意学；如果让平庸的乏味的人来教，孩子可能就会感到厌倦，不愿意学。学校是个小社会，家庭又是个小学校。在家庭中，父母就是孩子的老师。这两个老师是否优秀，对孩子来说至关重要。如果父母能像优秀老师一样，对孩子有相当的吸引力，孩子喜欢听你们聊天，喜欢跟着父母学习，那这样的家庭教育就成功了一大半。

现实生活中，有些家长在孩子身上也投入了很大的精力，照顾孩子吃喝拉撒也很辛苦，督促孩子做作业上培训班也很费心，可孩子就是不听话。孩子越不听话，家长就越是严加管理、拼命督促，结果造成了恶性循环：亲子关系没搞好，孩子的学习成绩也不理想。问题出在哪里？我看很大原因就在于家长忽视了自身的"磁性建设"。什么叫家长的"磁性"？就是家长要设法使自己像吸铁石一样，要能吸住孩子，使孩子喜欢自己。佛经讲：菩萨所在之处，令一切众生生欢喜心。好父母对孩子来说就是活菩萨，他们能让孩子心生欢喜，而不是心生烦恼。这一点非常重要，甚至说是家庭教育的核心都不为过。有了良好的亲子关系，家庭教育就会事半功倍；如果没有良好的亲子关系，家庭教育则会事倍功半，甚至南辕北辙。

不少人知道我教儿子背诵下"四书"之后都表示惊讶，问我是怎么做到的。我说就是给他讲解，并带他诵读，每天坚持半个小时左右，坚持三年就完成了。就诵读传统经典这事而言，确实就这么简单。可若从"功夫在诗外"来讲，我也动用了不少"磁性"战术，即在与儿子搞好关系上下过功夫。我是个奶爸，这几年跟儿子在一起的时间比跟任何人在一起的时间都长。傍晚的时候，只要有时间我就带儿子一块散步，陪他看花花草草，陪他观察小昆虫小动物，给他讲故事，也听他给我讲宇宙知识和兵器知识。散步放

陪伴

松之后，他心情高兴了，我们才回家诵读古文，学习经典。给他讲解经典，带领他诵读，每天只有半个小时左右，但前面的"铺垫工作"（带着他散步、玩耍）就要用一个小时左右的时间。这叫"磨刀不误砍柴工"。我想，如果光让孩子"砍柴"，而不用一定的时间"磨刀"，那再好的刀也会"迟钝"。肯花时间和精力搞好亲子关系，这就是我的"磁性"战术。用"磁性"将孩子吸住之后，我再教他读经典才能得到良好的配合。

中国古人讲"父子有亲，君臣有义，夫妇有别，长幼有序，朋友有信"。这是儒家著名的"五伦"，即处理五种人际关系的伦理标准，这里所说的"父子有亲"，强调的也是亲子关系的重要性。"亲"当然是双方面的，做父母的有魅力，有"磁性"，孩子才会被你吸住，才愿意亲近你；若父母又乏味又唠叨又市侩，还不断催逼孩子，孩子怎么能对你"亲"得起来？

🌰 机会教育是个宝

您一定有过带着孩子春游的经历吧？那么，您在春游之时会教孩子认识一些花花草草吗？您也一定领着孩子到纪念馆、寺院之类的地方参观过？那么，您给孩子讲解过这些地方的楹联含意、建筑样式及相关文化吗？如果您这样做过，那么请为自己点个赞，并且继续坚持；若您还没有意识到这个问题，那请您以后有意使用"机会教育"的方法——在游玩的过程中顺便向孩子普及相关文化，效果很好。

就从今年的清明节说起吧。这一天，我们一家和朋友一家相约去义净寺，然后去周围的村落走一走，算是两家人的一次组团春游。义净寺是正在兴建中的一座寺院，是以唐朝时期著名的三藏法师、高僧义净的名字命名的——义净就出生在济南长清的张夏。义净寺我以前就领着儿子来过，那次带他来，我着重给他讲了中国寺庙建筑的基本布局以及如何辨认佛菩萨像。因为一般的寺院都是这样的布局：一进山门是四大天王塑像。四大天王如何辨认呢？手中拿着伞的是北方多闻天王，他提醒人们要多听、善听，拿着伞代表在多听的同时还要防止染污。手中拿着龙的是西方广目天王，他提醒人们要多看。手中拿着宝剑的是南方增长天王，他代表的是不断进步。一个人只有不断进步才能用慧剑斩断烦恼（所以，他手里拿着剑）手中抱着琵琶的是东方持国天王，代表着要用中道来护持、教化众生。四大天王之后，人们见到的第一尊菩萨是弥勒菩萨，弥勒菩萨肚子很大，代表着要有包容精神，"大肚能容天下难容之事"；弥勒菩萨的笑容也很灿烂，那提醒人们要"常生欢喜心"，要笑口常开。之后是地藏王菩萨殿、三佛殿、

陪伴

大雄宝殿、观音殿等。每到一处我都给儿子做讲解，告诉他如何分辨这些菩萨像和佛像。比如，手里拿杵的是地藏王菩萨，手里拿瓶子和杨柳枝的是观音菩萨，骑着狮子的是文殊菩萨，骑着六牙白象的是普贤菩萨，这是著名的四大菩萨；佛像呢，也要看他们手中拿的法器，托着钵的是释迦牟尼佛，托着塔的是东方琉璃光药师佛，手捧莲花的是西方极乐世界阿弥陀佛。我发现，这些小知识在现场讲解效果很好，因为他能看到生动的形象，若你再讲得比较有趣，孩子特别容易兴趣盎然。

这次我们再来义净寺，刚看到四大天王，我就问儿子："你还记得如何分辨四大天王吗？"儿子说："知道。你跟我说过。"我一听就知道，这次不用重复讲以前那些了。不过，到了大雄宝殿前，我看到一副楹联很不错，就指给儿子看，儿子认识上面的字，但对其中的意思似懂非懂。我趁机给他解释了一番，其中还涉及"贝叶"，我就告诉他：贝叶是一种热带树种贝多树的叶子，印度人最初就将佛经写在贝叶之上，然后再用绳子串起来。这就跟造纸术发明之前中国人在竹简、木简上写字是一个道理。儿子一听，欣然会意。

离开义净寺之后，我们又到了附近的张夏镇桃园村。这里四面环山，山谷中间有一片河滩，河滩之上林木葱翠，花红柳绿，风景秀美。我们就沿着小路在河滩上散步，观赏风景。在这个过程中，我们突然发现了一棵开满白花的大树，它孤零零地矗立在这片河滩之上，洁白胜雪，在诸多麦田、油菜花及核桃树中间显得特立独行、分外高洁，仿佛隐居世外的陶渊明。大家被它吸引着，不约而同地走到了跟前。可是到了这棵大树之下，大家却不能确定这是一棵什么树。我感觉它像海棠，同行的董老师也说是海棠。可是儿子却说不是海棠。后来我们遇到了一个来这里捡秸秆的村民，问她，得到的答案是梨树。经过此番讨教之后，大家知道了梨花与海棠的细微差别：梨花是白色的，五瓣，白色的海棠偏粉色，重瓣。

　　说到这里，可能很多人已经明白了"机会教育"的实质，那就是在陪伴孩子的过程中，要善于抓住机会，随时随地教给孩子与生活相关的文化知识。我的想法是：教育一定要与生活打成一片，"生活即教育"，这样的教育不仅能让孩子感到有声有色，而且还能感到有趣、有料。如果让孩子感觉学习就是为了对付考试，那他是很容易厌学的。相反，若让他感到学习与生活有着密切的关系，能帮助他更好地了解身边的事物，那他就绝不会排斥学习。而且我还发现，孩子在玩得高兴的时候，也是他们学习效率最高的时候，你这个时候教给他的东西，他是乐于接受也很容易掌握的。换言之，若我们只把孩子的学习时间限定在课堂及回家做作业的时候，那学习的内容和方式无疑是过于狭隘的。若

陪伴

能打开思路，在生活中随时抓住机会，教给孩子相关的文化知识及道德伦理，那么教育的天地一下子就变得无比广阔，家长的教育手段也随之变得丰富多样。

 **"路边的野花不要采"**

为什么要用这么一个容易引发联想的题目来谈教子问题？目的很简单，就是要告诉大家一个常识：教育孩子也要从细节抓起。日常生活的细节很多，举普通的细节大家印象不深刻，那就举"路边的野花不要采"吧。

最近两年，网上关于"熊孩子"这个话题的讨论不少。所谓"熊孩子"就是指那些没有家教、调皮捣蛋、任性闯祸的孩子。大凡"熊孩子"，都是没学会守规矩的。那么，我们不禁要问：同样是小孩，为什么他们就没学会守规矩呢？我观察，这大多与其父母在早期就忽略了培养孩子的规则意识有关。比如，"熊孩子"的父母大多是"粗线条"的人，他们认为孩子小时候调皮捣蛋是正常的，没有随时随地告诉孩子哪些事情可做、哪些事情不可做，或者说，他们即便告诉过孩子一些规则，其规则的指标可能也比别人低，孩子违反规则之后可能也没有得到及时的矫正。正是这种有意无意的纵容，造成了孩子长大后随意任性。这个时候，孩子的很多坏毛病已经形成，再想改就要费好大的劲儿。我的观点是，与其等成了"熊孩子"再去费力调教，不如防患于未然，早早地培养好孩子的规则意识。

规则意识怎么培养？就从生活的点点滴滴处培养？比如，孩子看到路边的野花，他可能就要去采，看到野地里有蜈蚣、蚂蚁等小动物，他可能就要将其踩死。这些事情很细小，做与不做似乎关系不大，因此也就很少有人在这类的细节上用心。可实际上我感觉，父母最好是抓住机会，在这些日常生活的小细节处就教给孩子守规矩。比如，孩子要采花，您就可告诉他，这些花不是咱们家的，不能你想采就采；再者，你看着花漂亮，别人也会看着花漂亮，你若采走了，别人就无法再欣赏这朵花了。我们还是不采这朵花，也好让更多的人能欣赏到它。孩子要伤害小动物，您就可以告诉他，小动物也是一条生命，我们要爱护小动物，爱护生命，不能任意伤害它们。你是小孩，如果有人看到你小，好欺负，没有任何理由就打你，你肯定不喜欢。与小动物相比，你是大生命，它是小生命。你不愿意被大孩子欺负，那也不要无缘无故地伤害小动物。

应该说，家长若有这种在细节处教育孩子守规矩的意识，那孩子学会的可能不只是规则，还有规则背后所蕴含的做人道理。细节事小，人生道理事大，如果我们能以小喻大，通过"路边的野花不要采"之类的生活细节让孩子明白并接受了诸多做人的道理，不就有"化腐朽为神奇"之妙吗？

小孩从小知道守规矩，连路边的野花都不采，那他就更不会去采公园的花，这样的孩子自然懂得爱护公物，不会乱搞破坏。长大之后，其在男女关系问题上守规矩的几率也必定大大提高。正是基于这种理念，我和妻子从小就教育孩子不能乱采花草，也不能伤害小动物。几年下来，儿子果然比较守规矩，也比较有爱心。我认识一些朋友，他们都教育孩子不能伤害小动物，以此培养孩子的爱心。我发现，这些不伤害小动物的孩子，都比较守规矩，不乱嚷乱动，学习也不错。

古人讲："勿以善小而不为，勿以恶小而为之。"我们一般的人，做大恶和行大善的机会都不太多，差别往往是在日常细节的不断累积中造成的。小恶尽量不做，小善不断去做，日积月累之后，这个孩子就会成为好孩子，长大后也会成为正人君子；反之，若小善不肯做，小恶又不断，日积月累之后，其规则意识必定很差，想不成为"熊孩子"也困难。

一句话，家长们请多留心生活细节，抓住机会，有针对性地培养孩子的规则意识。抓住了机会，就等于抓住了教育的主动权；错过了机会，也就等于放弃了教育的主动权。错过太多就成了过错，过错太多就演化成了罪过，罪过多了，就铸成了罪恶。

多年父子成兄弟

"严父慈母"一词是中国人对理想家庭模式的经典概括，这个说法当然是正确的，但前提是要准确地理解"严"和"慈"。"严"有威严、严肃、严厉、严格、严苛等多种含义，做父亲的要确保不把"严苛"误解为"严格"；"慈"里面包含无私的大爱，但把握不好分寸感，也可能滑向溺爱。我说这话的意思是，亲子关系的内容无比丰富，绝不可机械理解，僵化执行。就父子关系而言，我觉得"严父"有时也应放下架子，学着与儿子（女儿）做朋友。父亲以亲密朋友的方式影响孩子，教育效果可能比一味地严格要求更好。

我的父亲是内蒙古一个偏远山村里的农民，他读书时学习成绩很好，可惜家庭成分是"地主"，这在那个特殊年代里是一个很大的"致命伤"，致使他每每有命运不公之感。父亲在我小时候的记忆里也是一个"严父"的形象，他虽没怎么打骂过我，但也很少对孩子有亲近的表示。不过，在我成长的过程中，他仍然成功地与我发展了"友谊"，越到后来，我们父子之间越有了某种默契，这种关系似乎正印证了那句古话：多年父子成兄弟。

父亲是怎么做到这一点的呢？就是与我讨论，交流。当我背下一些唐诗，并会讲解意思的时候，父亲就欣喜地听

99

陪伴

我背诵、讲解，还与我交流他自己的看法；当我的作文写出几个漂亮的比喻句的时候，他就与我聊聊写作，谈他认为写得好的文学作品。大约是在初中的时候，有一次他跟我聊文学，聊得兴奋了，父子俩几乎彻夜无眠。我背诵了朱自清的《春》和《绿》，他也背诵了《林海雪原》和《金光大道》中描写精彩的片段。后来我知道，当时父子俩对文学的理解都还比较幼稚，但这并不妨碍父子感情的加深。

后来，我也做了父亲。随着儿子一点点长大，我也一点点地放下"严"的一面，努力去与儿子发展一种类似于兄弟般的"友谊"。儿子识字多，爱读书，这让我们父子之间的讨论、交流有了比较好的"媒介"。

儿子经常给我讲二战期间苏德战场和太平洋战场上的相关故事，我也跟他谈一谈我对二战的看法。可若论及宇宙的形成及相对论之类的，我就无法与儿子平等对话了——他在这方面的知识比我多得多；即便在路上认个花花草草的，好像他的水准也高于我，比如他能清晰地说出樱花和海棠的区别在哪里，而我才刚能辨别出迎春花和连翘。不过，这也没关系，"弟子不必不如师，师不必贤于弟子"，套用一下就是"子女不必不如父，父不必贤于子女"。再说，如今已进入到一个"文化反哺"的时代，孩子在某方面的知识量超越老爸实在是正常不过的事。所以，老爸一点也不用害羞，承认知识储备之不足，然后真诚地向孩子请教，倾听他眉飞色舞的讲解就是了。老爸越是实实在在地承认知识上的不足，孩子越是感到老爸是个可以亲近的"哥们"——他正可借机展示一下他的知识强项。

我一直坚信，父亲认真地倾听孩子的看法，并平等地与之讨论、交流，这对孩子的心智成长好处多多。其一，父亲与孩子讨论学问，能让孩子更加重视学问，热爱学习；其二，父亲认真地与孩子深入交谈，会让孩子感到尊重，并于无形中提升孩子的心理成熟度；其三，孩子会因此对父亲更加信任。对于这种情况，英国思想家、教育家洛克曾说："他（指孩子）看见自己有了知识便能谈论事情……他所说出的道理居然有时也有人赞成，也有人听取，他就会因此感到乐趣和信任，就会开始看重知识了。"他还向家长建议："你希望他向你坦露心扉，向你请教一切吗？你就应当先这样对待他，用你自己的态度去取得他的信赖。"他的结论是：你愈是及早把他当做一个成人看待，他便愈能及早变成一个成人。

父母少错过，孩子自健康

我永远忘记不了儿子两岁时第一次回到济南时的情形。我和老婆虽在济南工作，儿子却出生在老家内蒙古赤峰，当时之所以选择到老家生小孩，就是考虑让姥姥、姥爷帮

陪伴

助带孩子。因我和妻子当时工作都很忙，根本没有时间和精力照顾小孩。儿子出生之后，就一直由姥姥、姥爷照顾着，直到两岁时才将他从内蒙古老家送到济南来。当时，我去车站接他们。儿子在姥姥、姥爷的带领下走下长途汽车，嘴上还叼着个小奶嘴，脸蛋肉乎乎的。岳父、岳母对他说："看，爸爸来接咱们了，快喊爸爸！"说着还特意将他递给我，让我抱抱。我接过来，在他脸上亲一下，他却有点紧张，咧着嘴哭了。

一年多没见到爸爸，他对爸爸实在是有点陌生。

从那时起我就深切知道，父母经常不跟孩子在一起是不好的。要做到"父子有亲"，没有什么捷径，只有经常与孩子在一起，照顾他生活之外，还要亲自教他，看着他一点一滴地长本事，帮助他扎扎实实地学文化。

选择什么方式与儿子共处呢？我们选择了教孩子背诵传统经典。之所以这样做，一来可让孩子较早接触中国传统文化，另一方面，通过教孩子诵读，父母每天都有半个小时左右的时间与孩子共同度过。父母和子女常年坚持诵读经典，耳濡目染，亲子关系自会融洽。在儿子从幼儿园到上小学的这段时间里，我们没有错过与孩子一起学习经典的机会，应该说，这也是我们人生中宝贵的人生体验和精神财富。

后来，有一所大学想请我去讲《大学语文》这门课，我跟妻子商量此事时，儿子插嘴道："爸爸，你可以去！你一定能教好的。你教我就教得很好呀！"

儿子对老爸的认可，永远是其他人不可替代的。

家庭教育之所以重要，就在于它是建立在最天然的人伦亲情之上的，即所谓"父子有亲"是也。父母是孩子的第一任老师，甚至在某种程度上说也是最重要的老师。对于这一点，现代人大概是没有异议的。问题是，很多人已经做了父母，也想做好父母，但却不知道该怎么做，或者虽知道怎么做却一直落实不到实践中。

在左右观望、焦虑犹豫之中，家长往往就会错过教子良机。不同的父母会有不同的错过，但据我观察，当今父母最普遍的错过就是不肯拿出时间和精力来亲自教育孩子。很多人以为，做父母的第一要事就是多多赚钱，赚了钱之后，再花钱将孩子送到各种培训班，让孩子在那里接受专业技能训练。他们以为，把孩子的教育托付给学校和各种培训机构就可以了，其实，这种想法本身就是一种过错。因为拥有这种观念的人，一定会错过自己与孩子共度的许多美好时光，一定会错过亲自教子所收获的惊喜，甚至还会错过"父子共读""母子同学"的天伦之乐。

曾经有一档《爸爸去哪儿》的电视节目很火，它之所以能火，除了技术操作层面上的因素之外，还与它切中家庭教育的焦点有关。如今，人们普遍很忙，父亲在家庭教育

陪伴

这个问题上，经常是缺席的。忙于工作，忙于应酬，忙于赚钱，当然都是应该的。但是我想，不管多么忙，做父母的都应抽出时间来教育子女。把孩子的教育完全托付给学校和培训班是不够的，父母对孩子的教育是其他任何机构都不可替代的，就像孩子对父母的认可是其他任何人不可替代的一样。

只有拿出足够的时间与孩子共同度过，我们才能减少在教子问题上的错过。父母少错过，孩子的健康成长就有了最基本的保障。

家长是否欠孩子一个倾听

2015 年 7 月 18 日的香港书展上，著名作家龙应台做了一次演讲。她以"记忆"为切入点，讲述了中国人在 20 世纪所经受的苦难。她说，20 世纪是一个仓皇的世纪。战争，贫穷，流离失所，是 20 世纪的胎记。背靠民族过往的苦难，面向血泪交织下成长的年轻一代，"温柔倾听的时刻到了"。"我们欠一个时代的大倾听。倾听与自己意见不同的人的声音，倾听自己身边的人。"我虽没在现场听到龙应台的演讲，但还是被"我们欠一个时代的大倾听"的句子击中。将倾听转移到家庭教育中来，我很自然地就想到了这篇文章的题目：家长是否欠孩子一个倾听？

现在的都市生活，大家都忙忙碌碌的，工作压力也都比较大。如此情形之下，不少人忽略了与自己孩子的互动交流，可能也比较少地倾听孩子的诉说，或者抱怨。其实，孩子也有很多憋在心里的话。他们也有困惑和烦恼，也有对这个世界的不解和焦虑，甚至他们也有压力。

　　我的这种体会当然是从儿子身上得来的。有一次，我和妻子带着儿子散步，边走边聊，儿子心情高兴了，就跟我们讲起他们学校的很多事情。比如，儿子说，他们班级里的学生中有个"富二代"，这个孩子就跟同学说，我们家有钱，我就不用费劲学习了，将来继承家产就行了。你们好好学习也就是为了工作赚钱，我们家已经有那么多钱了，将来我不用再工作了。你们好好学将来也得给我做打工仔。还有几个女同学特别爱打扮，觉得自己长得漂亮就一切都OK了，别人干什么都得让着自己，因为颜值高就是王道。这些话从小学二年级的孩子嘴里说出来，再由一个小学二年级的孩子转述出来，我开始是感觉有点惊讶的。不过，我很快就明白了，孩子所说的这些，不正是现在一些成人的话语及观念的复制吗？这些不是什么大事，但也让人感慨：学校也是个小社会呀。复杂的社会生活已快速地促使一切都复杂化了，喧嚣浮躁的时代在小学校园也投下了它的印痕，使从前单纯的小学生变得没那么单纯了。儿子把这些倾诉出来，也带着一丝困惑和不解：他们这么说对吗？

陪伴

怎么会这样？为什么？于是，妻子和我还得趁机给儿子做心理辅导，顺便做有关人生观、价值观的教育。

此外，儿子还向我们讲述过他对现行教育的种种不满，比如教科书编写不科学，"太垃圾了"，"为什么要把垃圾扔给孩子？"再比如，老师总是布置重复训练的作业，这也让他反感。平心而论，他的这些烦恼都不是凭空而来的，而是他切实的生命痛感。只有当我们创造出了比较轻松的交流环境，他心情彻底放松的时候，儿子才向我们倾诉他的这些烦恼。我和妻子听完之后，有时会给他支招，有时也只是"表示严重关切"而已。因为有些问题暂时真没法解决，只能慢慢对付。

让孩子感到困扰的问题，其实不少正是中国教育的死穴问题，让你感到痛心无比但又无法改变。对无解的难题，倾听也就成了我们对儿子的唯一声援。但我必须说，倾听也是有效果的。每一次倾诉之后，儿子就像又卸掉了一次心理包袱，精神状态和学习效率也会为之一振。倾听也让亲子关系比较和谐，他感到家长关注了他，且跟他站在一起，他就不再感到那么孤独和焦虑。

我写这篇文章就是做一个提醒：家长要注意倾听孩子的心声。当然，倾听并不是一件特别简单的事。不要以为我们长着耳朵就能倾听，倾听不光要用听觉，更要用心；也不要以为我们说的都是汉语就能听懂彼此的言说，语言之外，倾听还需要仁慈之心和换位思考的能力。看似简单的倾听，里面实则饱含慈悲和智慧。

家庭的智力生活和情感生活

苏联著名的教育家苏霍姆林斯基曾用 35 年的时间持续关注"差生"，甚至一度对他们进行专门的教育。为了查明这些学生智力较差的原因，苏霍姆林斯基调查了两千多个家庭，了解孩子的遗传、日常生活、饮食营养及精神状况。他最后得出的结论是："差生"问题表面上看是孩子的智力问题，可实际上起重要作用的却是孩子家庭的智力生活和情感生活。"家庭智力生活的局限性和惊人的贫乏性是儿童智力落后的原因之一"，"家庭情感生活的贫乏总是跟智力生活的局限交织在一起的。有些五六岁的儿童，从来没有对任何事情表现过惊奇、赞叹和欢乐。他们没有幽默感，不理解喜剧性的场面和情境，很少放声地欢笑，而对别人开的玩笑则报以冷漠"。

我感觉，苏霍姆林斯基所说的"差生"，比我们一般家长所认为的"孩子学习差"更严重，甚至有点智力发育不正常的味道。就正常家庭的孩子而言，一般不会这么"差"。不过，苏霍姆林斯基的研究仍有极高的价值，那就是，它从反面说明了家庭智力生活和情感生活的重要性。如果想

陪伴

让孩子有比较好的智商和情商，那么家长就应该下些力气，营造健康而丰富的家庭智力生活，并与孩子进行良好的情感互动。

什么是好的家庭情感生活？简单地说，就是让孩子充分地感受到家庭的温暖。父母亲都爱孩子，这一点毫无疑问。可是，爱也是需要学习的，要懂得用恰当的方式去爱。一些家长常犯的错误是：打着爱的旗号，严苛地督促孩子提高学习成绩。学习本来没那么可怕，孩子按照自己的节奏本可完成，可家长不断唠叨，反复催逼，最后搞坏了孩子的心情，也搞糟了亲子关系，让孩子感到亲妈像"后妈"。这种做法违背了良好家庭情感生活的大方向，得不偿失。

什么是好的家庭智力生活？通俗地讲就是创造一个学习型的家庭，让智力活动在这个家庭中占有相当的比例，使孩子能于潜移默化中得到智力熏染。这个道理其实并不复杂，可落实到生活中却常常会被忽视。不少家长以忙于工作、应酬为借口，要么不回家，要么回到家就看电视、玩手机，很少在家里读书学习，从事智力性活动。孩子看到爸爸妈妈总是在家看电视、玩游戏，他学习的时候心情就会受影响——怎么你们都在玩就让我学习呀，太不公平了！孩子如果产生这样的想法，那他的学习积极性和学习效率都会大打折扣，时间长了，他还可能产生厌学情绪。

所以，家长若想让孩子爱学习，那最好的办法就是家长本身爱学习，整个家庭就是一个学习型家庭，智力生活很丰富。在这一点上，我有切身体验。2015年暑假，我儿子基本就是在家里读书，一套阿西莫夫的科幻小说《银河帝国》（共15本），他看得津津有味。他在爱看书这一点上，就是受家庭智力生活的影响。我在家里的大部分时间，不是读书就是写书，妻子在报社编的是读书版，我们的书橱占了一面墙，我和妻子平时聊天也基本是围绕着读书来展开。可以说，他在整个成长的过程中，基本是被书籍包围着的。所以，他小学一年级的时候就认识了很多字，能自己看书了。到了二年级，他就能爱上读书，读得很入迷。书读得多，他的理解能力也随之提高。

家教，家教，说的就是家长在家里对孩子进行的教育。家教除了各种方法之外，场所也异常重要。家庭就是最重要的场所，营造良好的家庭智力生活和家庭情感生活，其实就等于为孩子的健康成长提供了一个优良的"场域"，就像给千里马提供了一个无污染的广阔草原。

陪伴

本章小贴士

1. 如果父母能像优秀老师一样，对孩子有相当的吸引力，孩子喜欢听你们聊天，喜欢跟着父母学习，那这样的家庭教育就成功了一大半。

2. 孩子在玩得高兴的时候，也是他们学习效率最高的时候，你这个时候教给他的东西，他是乐于接受也很容易掌握的。

3. 抓住了机会，就等于抓住了教育的主动权；错过了机会，也就等于放弃了教育的主动权。

4. 父母认真地倾听孩子的看法，并平等地与之讨论、交流，这对孩子的心智成长好处多多。

5. 要做到"父子有亲"，没有什么捷径，只有经常与孩子在一起，照顾他生活之外，还要亲自教他。

6. 对无解的难题，倾听也就成了我们对儿子的唯一声援。每一次倾诉之后，儿子就像又卸掉了一次心理包袱，精神状态和学习效率也会为之一振。

第五章

策略

　　如果一个家长望子成龙的心情过于急切，那么他这种心态本身就有问题，就应该改正。他们在行为上的种种不可取，其实恰恰是他们心态不正的反映。心态与行为往往是一体的，不可分的。心态上"失之毫厘"，行动上就会"差之千里"；心态不先矫正，行为上的错误还会层出不穷。

　　好策略的前提是好心态。只有在好心态的指导之下，各种教育手段与教育技巧的运用才会取得最佳效果。

帮孩子树立正确的"成功观"

　　很久以来，我们的社会就弥漫着一股急切成功的情绪，很有一批人充当"成功教主"，向人们传授各种各样的"成功之道"。几年前，有一个叫胡益华的年轻人，他在浙江、广东连续枪杀四人后逃窜，最终在福建落网。这名因离婚而性情大变的 80 后悍匪就是一个"成功教"的信徒。警方在他的租住地看到许多励志书，他在日记中反复叮嘱自己，要发愤图强，要成功。最后，他也真的"成功"了——成功地成了一名"杀手"，只是，这样的"成功"太可怕了。2014 年 5 月 21 日，台北一名叫郑捷的大二学生在地铁里随机杀人，造成 4 死 21 伤。这个 21 岁年轻人随机杀人的理由竟也是为了"要做大事"！胡益华和郑捷这样的事虽是个案，但从他们身上确实可看出"成功教"危害之大。

　　成功本来不是坏事，可是，若一个人过于迫切地想"成功"，以至于觉得不"成功"就活不下去，那么，这种"成功观"就会比失败还可怕。因为这种"成功观"会让人失去平常心，不甘再做平常人、正常人。换言之，这样的"成功观"等于堵死了人生的其他通道，只留下了一条路叫"成功"，一旦不"成功"，整个人生就丧失了全部价值。这其实意味着人生选择的狂躁与逼仄。如果一个人养成了这样的"成功观"，本身就是失败。

为什么呢？因为人生真正的成功，不在于升官发财，而在于养成一种心无愧怍、俯仰从容、可进可退的气度，正所谓"达则兼济天下，穷则独善其身"。不论是"达"还是"穷"，都能过得心平气和、自得其乐，这才是真正的成功！对于这种境界，《中庸》上说："君子素其位而行，不愿乎其外。素富贵，行乎富贵。素贫贱，行乎贫贱。素夷狄，行乎夷狄。素患难，行乎患难。君子无入而不自得焉。"这段话的核心意思就是君子不生非分之想，安于当下，做好自己该做的事，随时随地都能找到"自得其乐"的生命状态。这才是正确的"成功观"！如果急急切切地向着"成功"奔走、一旦不"成功"就发疯发狂，这种状态本身就很失败，何谈"成功"？

可是，我们不得不说，若让孩子很好地树立起正确的"成功观"，并不容易。孩子一上学，就避免不了要考试，要有各种比赛和竞赛。无论是家长还是孩子，一般而言都有争强好胜之心，都希望考高分，在比赛中拿奖状。孩子在学校表现得好，孩子自己高兴，家长也觉得有面子。这虽是自然而然的表现，但若不加以正确引导，其负面作用亦很大：孩子学会了爱争强好胜，就有了攀比之心，就会错把高分和奖状视作"成功"。这其实已开始滑向了错误的"成功观"了。我儿子上小学后也面临着这个问题。由于我已经教他背下了不少传统经典，他在背诵和阅读方面就表现突出，也比较守纪律，很受老师喜欢，当上了班长。可是，有些同学在上小学之前就上过"衔接班"，训练过算数和写字，人家在学数学的时候就很轻松，而儿子在这方面就不灵光了。他写字速度慢，无法在规定的时间内把题目做完。人家最好的小朋友能在五分钟内做对60道一百以内的加减法，他却只能写完36道。明明会算，只因为写字速度慢就屡屡得低分，儿子很着急。我和妻子趁机告诉他：这是正常的。人家在写字上提前训练过，就应该比你写得快。你坚持背诵传统经典，不是也比别人的背诵能力和阅读能力强吗？你背诵好、阅读好，也不能骄傲，写字速度慢点也没关系，只要坚持练习，慢慢也能赶上。道理讲清之后，我和妻子还得训练他的写字速度。训练了两三个月之后，他的速度提上来了，也能在5分钟内做对60道题了。有了这番经历之后，他的心态就比以前平和了不少。能学会接受失败，然后慢慢进步，这本身不就是成功吗？

做家长的都希望自己的孩子优秀，这是可以理解的。但是，家长切不可要求自己的孩子科科都优秀，处处都要争第一。相反，即使孩子有这种争强好胜的趋向，家长都要有一份警觉之心——以家长的警觉心来呵护孩子的平常心。只有守住了平常心，才能养成正确的"成功观"。

策略

让孩子做家务的深意

现在很多人喜欢谈"爱"，爱国、爱岗、爱家、爱人云云，不过，我慢慢发现，这些所谓的"爱"多是要求，而非训练。或许是我觉悟低，我不大相信爱可以凭外界的要求就可自动生出，正所谓"世界上没有无缘无故的爱"。我更愿意相信，爱这种情感也是要经过训练的，训练爱的方法就是为爱不断付出。譬如练书法吧，练习得越多就越喜欢，直到最后爱上了书法。学习技艺如此，爱家爱国之类的也差不多。三国时期，诸葛亮为蜀国辛苦工作，"鞠躬尽瘁，死而后已"，最后累死在五丈原。诸葛亮的儿子诸葛瞻也为捍卫蜀国而战死绵竹。我们说，这对丞相父子是真爱蜀国，他们为了蜀国不惜以命相许。可是，蜀国皇帝刘禅呢？蜀汉政权灭亡之后，他可没殉国，而是投降了西晋，做了安乐公，且依然活得不错，甚至还"乐不思蜀"。按说，刘禅是皇帝，他对蜀汉政权的感情应该最深。可实际上，他对蜀汉政权的爱显然不及诸葛亮父子。这是为什么呢？一个重要的原因就是刘禅为蜀汉政权的付出远没有诸葛亮父子多。因为付出得多，所以爱得才更深。不怎么付出，光知道享乐，有时反而生不起真正的爱。

回过头来再谈家庭教育。有人说现在的孩子不像以前的孩子那么爱父母了。即便这种判断在一定程度上符合实际，那么我也不认为这是孩子本身的原因，而是父母没有多给孩子以爱的训练——没让他们学会爱父母。他们没有或者很少为父母付出，自然就不懂得爱，也不会爱。不少家长，自己为了家庭辛辛苦苦，里外操劳，而孩子呢，就让其坐享其成。这种模式，实际上就是父母在鞠躬尽瘁地做"诸葛亮"，而把孩子当"刘禅"。怎么改变这种情况呢？最方便的做法就是有意识地让孩子做家务。孩子做家务，不只是能减轻了家长的家务负担，而且孩子自身也可获得全方位的成长。他为家庭付出了，就会更爱这个家，也就有了更强的家庭认同感；通过做家务，他还能体会到父母的辛劳，也就珍惜劳动成果了；让孩子做家务，他的劳动技能和劳动意识也会不断提高，这对他的日后成长非常重要。

培养孩子做家务的能力不妨依照"循序渐进"的原则，先让孩子从最简单的事情做起。我和妻子鼓励儿子做家务，是从让儿子自己收拾玩具开始的。每次我们都要求儿子玩完玩具后自己收拾好，"自己能做的事要自己做"。大一些，儿子能读书了，我们就要求他读完之后要将书放回原处，"列典籍，有定处。读看毕，还原处"。这些事看似很小，但让孩子经常做，就能培养他的规则意识，也让他知道，自己是家庭中的一员，也该为家庭建设出一份力。再大一些，我们就鼓励儿子自己刷鞋、洗衣服，到上小学一年级的时候，我们就训练他洗碗、削土豆皮等。

117

我感觉，训练孩子做家务并不是一件多么困难的事，只要家长有意识地去要求，孩子一般也很少抵触。小孩子喜欢玩，做家务在他看来也是一件很好玩的事。唯一需要克服的可能是：家长要容忍孩子做得不靠谱。比如，让儿子扫地，地扫不太干净；让他洗碗，碗也洗得不够干净。这些家长都要有足够的心理准备，且不能立马批评，以免打击了孩子干家务的积极性。让孩子做家务，最重要的是做的过程，结果在初期是不能要求的。只要他做了，就都是好的。他干得不到位的地方，我们就趁其不注意的时候偷偷做好。只要坚持让孩子做，次数多了，他的水平自会提高。

说到底，让孩子做家务，主要的目的也不在家务本身，而在培养孩子的劳动习惯，训练他为家庭付出的意识。这些美好的品行，显然比洗碗、擦桌子本身重要。

放松不放纵

"放松不放纵"，这话是一位书法家指导我练书法时说的，我觉得极有道理，便借题发挥，以此作题目来谈一谈孩子的家教问题。

那位书法家朋友给我解释"放松不放纵"的意思，说你写书法的时候要心态放松，不能太紧张，太紧张了就会导致技术动作变形，发挥不出正常水平；同时也不能漫不经心、随手涂鸦，那样达不到练习的效果。我觉得家长教育孩子也是如此，心态要放松，不能太紧张，也不能太急躁，但在对孩子的日常照料和教育中则要细致管理，不能放松警惕，更不能放纵不管。这不只是一个"度"的拿捏问题，而是在良好心态指导之下充分运用各种教育手段与教育技巧的问题。

先说放松心态。这事说起来容易做起来难。很多家长教子失败，根本原因往往就出在心态上。在一个心浮气躁的时代，不少人教子也难免犯急功近利的毛病，其惯常的表现是：一方面急切地期盼着孩子有出息，能成功，甚至要出人头地，但另一方面又没有足够的耐心，不愿意在教子问题上下功夫学习，下力气实践。于是，就想以最快的方式解决问题，比如花大钱让孩子上名校，或者多给老师送礼，以便让自己的孩子受点特殊照顾。针对这种情况，如果别人写文章，可能就会说："家长这种望子成龙的心情可以理解，但这样的做法并不可取。"我不这么看。如果一个家长望子成龙的心情过于急切，那么他这种心态本身就有问题，就应该改正。他们在行为上的种种不可取，其实恰恰是他们心态不正的反映。心态与行为往往是一体的，不可分的。心态上"失之毫厘"，行动上就会"差之千里"；心态不先矫正，行为上的错误还会层出不穷。因此，我们必须认识到，家长若太急切地希望自己的孩子出人头地，过于热切地"望

119

策略

子成龙"，这本身就是心态不放松、不正常的表现，就该加以矫正。

有人会问：望子成龙不是家长的正常心理吗？难道也错了？我的观点是，你希望孩子好是可以的，但一定不能过于急切。还有，一定不要忘了"菩萨重因，凡夫重果"的道理，如果你过分地期盼孩子成功的结果，那一定会忽略了培养孩子的过程。家长的心理关注点只有从对美好结果的热切期盼中收回，放到对孩子日常生活精心的培养、引导、教育之上，才是家庭教育的正路。我们不妨问一问：凭什么你家的孩子就一定要"成龙"，就一定要比别人家的孩子好？你的孩子是孩子，别人的孩子就不是孩子吗？你家孩子聪明，别人家的孩子就都是笨蛋吗？因此，我觉得与其热切地盼望孩子"成龙"，还不如家长先要求自己做个合格的家长；与其火急火燎地盼着孩子成功，还不如自己尽好家长责任，先把孩子培养成一个靠谱的人。前者是"求人"，后者是"求己"，"求人不如求己"，"求人"难免失望，"求己"才有希望。

心态问题解决之后，其他很多问题往往会迎刃而解。比如选老师的问题，谁是孩子最好的老师？父母就是孩子最好的老师！比如择校的问题，如果你们家的学习氛围浓厚，你们家就是一所最好的学校！孩子拥有靠谱的父母，生活在学习氛围浓厚的家庭，就等于找到了最好的学校和最好的老师。

　　再说不放纵。不放纵的目的也不在于处处在在都要对孩子进行严格甚至是严酷的管理，而在于要家长尽可能地遵循教育规律，不可疏忽大意。我发现，现在的不少家长带孩子（尤其是爷爷奶奶和姥姥姥爷），也不是不管，而是管的方向不对。一方面在孩子吃喝拉撒等方面管得过多、过细，直至把孩子照顾成了吃货、懒虫，另一方面则在孩子的道德品性等方面溺爱、放纵，这导致了很多孩子成了自私任性的"小皇帝"。这种管与放的错位，完全违背教育的基本规律。吃喝拉撒这类的事，要尽量地让孩子自己去搞定，这样才能培养他们的动手能力和自立精神，而事关道德品性的事，则要家长多加指导、监督，以免孩子养成不良习气。

　　实际上，现在是一个物质极大丰富的时代，绝大多数的孩子都不会缺吃少穿。不少孩子之所以身体差、爱生病，往往都是吃得太多、营养过剩造成的。而在精神方面，现在的孩子面临的诱惑比祖父辈、父母辈都大得多，他们需要养成更稳定更优秀的品质才能应对日后更复杂的社会环境。家长若不在这个大的方向性问题上把握好，就极有可能在教子的问题上进退失据、"宽严皆误"——管的时候变成了溺爱，放手之际变成了放纵。

教育孩子不能讳言惩戒

有一个现象十分有趣，现代人对惩戒教育是讳莫如深的，似乎天然地认为惩戒是极其落后甚至就是大逆不道的做法。可若真实地了解一下就会发现：没有打骂过孩子的家长几乎没有，没有在教学的过程中使用过惩戒手段的老师也很少很少。我做过一个小调查，调查一所小学的一个班级，看看到底有多少孩子从来没挨过父母打，结果，这个班四十几个孩子全都挨过父母的打。理论和实践反差如此之大，实在出人意料之外。可以普遍地存在，但不可正大光明地探讨、言说，这算不算也是中国特殊国情之一种？不过我觉得，这种回避问题的"鸵鸟战术"是不负责的。在教育可否使用惩戒？惩戒时本着什么原则？惩戒的级别如何掌握？……这些问题都有充分讨论之必要。

惩戒本来就是教育过程中一个非常重要的手段，只不过我国现代教育更强调"赏识教育""鼓励教育"，因而显得"惩戒教育"与"主流思想"有点格格不入罢了。但我们一定要知道，中国的近现代教育是学习西方的产物，我们学习西方的先进之处，绝不意味着就要全面彻底地与中国传统一刀两断（实际上也做不到）。就教育而言，"赏识""鼓励"也好，"惩戒"也罢，都是教育方法，此方法与彼方法之间并不是"非黑即白"的对立关系，而是可以互相兼容、相互取长补短的关系。这一点正如习近平主席访问欧洲时所说："茶和酒并不是不可兼容的，既可以酒逢知己千杯少，也可以品茶品味品人生。"赏识和惩戒也是如此，孩子表现得好时予以赏识、奖励，孩子犯了错误就要批评、惩戒，这有何不可？孔子是中国最伟大的教育家，他教育学生，学生表现好就表扬，看着学生特别中意，还把自己的女儿和侄女嫁给他们（公冶长和南容就享受了这种待遇），以示鼓励；若遇到学生表现不佳或故意捣蛋，他也是该批就批该骂就骂（他就曾骂宰予"朽木不可雕"）。说到底，不存在惩戒能不能用的问题，只存在惩戒如何用好的问题。

我教儿子诵读中国传统经典，总的来说，儿子还是非常配合的，但有时候小孩子也想偷懒，不背了。这时家长如果犹犹豫豫，或者一时感情用事，"心疼孩子"，那么，孩子一次偷懒成功之后，就可能变本加厉，一而再再而三地跟你耍赖。遇到这种情况怎么办？我就启动"惩戒程序"：先把道理给他讲清，"幼不学，老何为？"学习是小朋友的本分，不学怎么可以？若讲道理无效，就取消游玩活动。这时，再让他选择。他若仍选择不背诵，也可，但惩罚措施一定会坚决执行，毫不妥协。遭到"不爽"的惩罚之后，他才知道以后要尽量避免惩罚，才懂得要守规矩，守规矩时间长了，才能养成良好的学习习惯。

怎么才能很好地使用惩戒？最根本的原则就是爱。只要

策略

源自对孩子深深的爱，惩戒也是很好的教育；若不是出自真诚的爱心，廉价的表扬和赏识也是伤害。这个大原则一定要把握住。其次，惩戒手段可用，但要慎用、少用。也只有少用，才能让孩子在心里留下深刻的印象，不再犯同样的错误。若经常使用，"打皮了骂滑了"，孩子的自尊心就会受到严重伤害。

其实，教育本身就带有一定的强制性。若没有惩戒，教育便会失去强制性，那就会变成了放任甚至是讨好。因此，没有惩戒谈不上教育。没有惩戒，所谓的爱只能是溺爱。惩戒让孩子学会的不仅是认错，而是让他知道：人要为自己的错误选择付出代价。有此经历之后，孩子才懂得约束自己，不能凡事都由着自己的性子来。懂得约束自己，这是孩子学会做人的极其重要的一步。

🌑 惩戒的原则与技巧

家长带着三四岁的小孩逛超市。小孩看中了一件玩具，要买，大人不同意，孩子就大哭大闹。大人呵斥，小孩不听，反而变本加厉，哭得"天苍苍野茫茫"的。此刻，别人的目光也都关注到了这个大哭大闹的孩子。孩子的家长感觉面子上受不了，遂赶紧掏钱为孩子买玩具。

这样的场景估计很多人都遇见过，甚至自己就这样被孩子弄得很窘。因为自己想不出什么更好的办法解决，为了息事宁人，就只得被动地花钱"摆平"，这是很多家长不愿意做但又不得不做的事。

在我看来，就在家长被孩子的哭声所要挟、不得不花钱满足孩子的要求时，教育的主导权在此刻已然丧失。因为这一特定的场合，孩子准确无误地抓住了家长的弱点（爱面子），而家长却拿孩子毫无办法。

那么，遇到这种情况，家长真的毫无办法吗？

我看未必。

近日有一孩子的家长以此事问我，请我支招。我为其支招如下。

一个大原则必须先确定：在孩子大哭大闹、使用无赖手段的时候，绝不能满足他提出的任何要求。家长先要告诉孩子，有要求可以好好说，不能大哭大闹。大哭大闹非但得不到好处，还会招致惩罚。道理要讲清，执行要坚决。说到做到，绝不含糊。这是因为，若家长为其哭闹所要挟，在不得已的情况下花钱"摆平"，这在无形之中等于奖励了他的哭闹——他用哭闹的手段达到了自己的目的。一次得手之后，小孩觉得这招管用，就肯定会不断复制。几次得手之后，孩子就会奉大哭大闹为无上法宝、制胜秘笈，动不动就拿出来用一用。时间一长，大哭大闹就成了他的"核威慑"。这张王牌用顺手之后，他就会在头脑上变得"懒惰"，

125

策略

不再想用其他更高更难的方法来达到自己的目的。更可怕的是，用不正当手段得到好处的次数太多之后，孩子会养成"用不正当手段可以迅速获得好处"的心理暗示和思维定式，这会对他日后的成长造成极不利的影响。

我的看法是，对蛮不讲理、大哭大闹的孩子，一定要给予惩戒，即便当时不立即惩戒，过后也要加以惩戒。惩戒的方法有很多，当众暴怒，把他打一顿当然是极不可取的。但家长可在出门去超市之前就"未雨绸缪"，这次去超市是为了买什么，除此之外，不能买，违反要受罚；或者这次去超市允许你买一件玩具，具体买什么你可自己选择，但只能选择一件；而且还可规定，一周只带去超市几次，如果表现好，那就获得奖励，如果表现不好，就给予惩罚——惩罚就是取消去超市的机会若干次。总之，奖惩的办法会有很多，提前给他说好，他若遵守规则，家长就一定兑现承诺；若破坏了规则，也一定予以惩戒。每次奖的时候都告诉他为什么奖，奖励的是他的哪项优点；惩戒的时候也要给他讲清道理，为什么要惩戒。奖惩的关键不在力度之大小，而在时机之精准而及时，即犯错必受惩，表现好必受奖。坚持一段时间之后，孩子大概就能学会用正当的手段达成自己的目标了——用大哭大闹的方式得不到任何好处，慢慢地孩子也就不再用了。总之，奖赏应该在孩子表现优秀之后给予，而绝非在其大哭大闹之时被动付出。奖惩的界限一定不可模糊，更不能在该用惩戒的时候用奖励。

惩戒的方法多种多样，只要用得好，一般来说都会收到很好的效果。我儿子在三四岁的时候，因为玩游戏没遵守我们规定的每次不超过二十分钟的时间，制止之后他也大哭大闹，做痛苦万分状，结果被我罚他两个星期不能动电脑。我们说到做到，他也知道认罚。他还被罚一周不能看动画片、取消周末带他游玩的机会等，反正当时都罚得他很不爽，但因为执行坚决，他都认了。几次之后，他就不再给大人要无赖手段了。摒弃了无理取闹，学会了讲道理，这对孩子来说就是不小的进步。

把机会还给孩子

我认识一位高级营养师，听他讲过"吃与喝的学问"，听过之后非常受益。不过，在这里我不想把他的高见转述给大家。原因很简单，他所说的很多东西，一般的人根本做不到。"万丈高楼平地起"，高难度的动作做不了，那就不妨从最简单的做起。在照顾孩子吃喝的问题上，什么是最基础、最核心的？我觉得就是：把吃饭的自主权还给孩子！

我最近遇到了一对母子，儿子六岁，马上就上小学了，

127

吃饭的时候妈妈还得追着喂。妈妈反复嘟囔："这孩子，就是不爱吃饭，每次都得我喂，不喂他就光知道玩不知道吃！"一桌子的菜，妈妈当然拣好的喂孩子，可孩子依然吃得很勉强，一点也没有享受美味的样子。我儿子的表现就是另一番样子。他吃饭极其专心，话都不怎么说，遇到自己喜欢的就大口地吃，根本不用大人管。这位母亲看到我儿子吃饭的表现，极其羡慕，就问我："你是怎么教育的——孩子吃饭这么好，这么省心？"

我说："吃饭是他自己的事，我就让他负责，如果不好好吃，那挨饿也是他自己挨饿。他怕挨饿，所以吃饭总是很积极。"

别人都笑了。可能有人以为我是在调侃，其实我说的是实际情况。

在吃饭的问题上，我和妻子一直采取的就是"放权"原则——让他自己吃，也让他自己承担吃与不吃的后果。一日三餐，饭菜肯定会给他提供，但吃与不吃，吃得多还是吃得少，完全是儿子自己的事。反正不好好吃饭，挨饿的也是他自己——这顿饭和那顿饭之间，绝不提供零食。

有意思的是，"放权"之后，儿子愈发重视吃饭——不用大人提醒，也不用大人强调，更不用大人喂，他总是自己吃好吃饱。孩子自己吃饭时胃口好，身体也会随之发育正常。反观那个六岁还需要妈妈喂饭的孩子，身体却长得比较单薄。

家长的过度照顾，有时反而会害了孩子。因为不熟悉，我没好意思给那位母亲说："就因为您一直追着给儿子喂饭，所以他才没学会自己好好吃饭。您老是喂他，他会以为是在给妈妈吃饭，所以才那么漫不经心。若让他饿过一两次，他就知道是给自己吃饭了。知道吃饭是自己的事，他也就好好地吃了。"孩子明明该自己吃饭了，家长仍怕他吃不饱吃不好，就仍然喂他，殊不知，你一直辛苦喂饭这一行为本身，已然剥夺了孩子独立吃饭的机会。

由吃饭拓展开去，我们可以说，家长如果事事处处都给孩子以无微不至的照顾，那看似是爱，实则是溺爱。

家长对孩子的千般照顾、万般教育，目的不是为了把孩子留在自己身边，而是为了让孩子离开父母还能很好地生活。所以，教育子女的目的，不是为了"拴住"，而是为了"放手"。有了这种认知，父母在教育子女的时候，该放手的就一定要放手，孩子自己能做的事就一定让他自己做。刚开始的时候，孩子可能做不好，那也没关系，慢慢地就好了。孩子刚自己吃饭时，会掉饭粒，会把菜汤洒在身上，会吃相难看，可那又能怎么样呢？给他一段时间，让他练习，他很快不就学会了吗？很多事情其实都是如此。父母在教育孩子的过程中，除了给予指导外，还应该给予孩子充足的机会——给他机会，让他练习各种技能；给他机会，让他学会独立生活；给他机会，让他从幼稚走向成熟；给他机会，让他体会到学习的快乐；给他机会，让他学会爱自己和爱他人。

从不给孩子喂饭做起，一步步地把机会还给孩子。家长还给孩子以机会，孩子就会还给家长以惊喜。

避免"宽严皆误"的法宝

近代学者赵藩游览武侯祠时撰写过一副很有名的对联，用以评价诸葛亮的一生功业："能攻心则反侧自消，从古知兵非好战；不审势即宽严皆误，后来治蜀要深思。"上联说诸葛亮用兵善于"攻心"，用"七擒孟获"的办法平定了南方，下联则说诸葛亮在治理蜀国时在审时度势上欠功夫，结果是"宽严皆误"，屡次北伐都没能成功。

其实，"宽严皆误"的情况又何止表现在治国、用兵上？教育不也一样吗？尤其是在当今这样一个文化多元的时代，既有"虎爸虎妈"式的严格教育，亦有"顺其自然"的自由教育。我的感觉是，就教育方法而论，严格有严格的功效，自由有自由的好处，实在难有高下之分，最关键的问题不是"严"和"宽"的问题，而是"宽""严"之运用是否得当的问题。若运用恰当，那就叫刚柔相济；若运用不当，那就是"宽严皆误"。

那么，怎样才能避免"宽严皆误"呢？我觉得法宝就是"善审势"。在教育孩子这个问题上，怎样做才算是"审势"？简单说来就是要善于观察，要对自己孩子有充分的了解，你孩子的性格特质是什么、他的长项在哪里、缺点又是什么，诸如此类的问题家长至少应该心中有数；此外，家长最好对孩子的发展势头、成长趋势也能有一个大致的方向性的预判，这样，你对孩子所实施的教育就会有的放矢，事半功倍；相反，若家长对自己孩子了解得不充分，或判断失误，就容易陷入"苦战"之中，你抱怨孩子不听话，孩子抱怨你唠叨，你为孩子操心受累不少，孩子真正领情的却不多。最坏的情况是：家长对付孩子的各种手段你都动用了，哄也哄过了，骂也骂过了，甚至打也打过了，可孩子就是不听你的话，就是不朝着你希望的方向发展。你期许的是德智体全面发展的"好孩子"，可晃荡在你身边的却偏偏是一个吊儿郎当的"熊孩子"。所得与所求严重"违和"，这对谁来说都不是一件愉悦之事。为避免此类事情发生，我觉得最好的办法就是先学会做一个"善审势"的家长。

世界上没有两片完全相同的树叶，世界上更没有两个完全一样的人。每个孩子都是一个独立鲜活的个体，他们各具禀赋，各有各的"势"。现代心理学一般将人分为多血质、黏液质、胆汁质、抑郁质四种气质类型；若按照性格划分，则又有著名的九型人格之说。对于这些浅显的心理学成果，

策略

很多人都耳熟能详，只不过，大家一般仅用此类成果对付职场上的对手或上司，而很少有意识地将其应用于家教。我觉得，要做"善审势"的家长，则不妨用这些理论观察一下自家的孩子，做到心中有数。

如果您觉得西方的这套理论用起来不太顺手的话，那也没关系，我这里还有中国老祖宗总结出的识人术供您选用。比如，孔子说："视其所以，观其所由，察其所安。人焉廋哉？人焉廋哉？"意思是，看一个人行事的目的何在，再考察他以往的所作所为，再审视一下他的心思放在何处，如此一来，这个人还能够隐瞒什么呢？这种看人的思路不是很值得借鉴吗？你看看自家的孩子爱干什么事？他做事的目的何在？再看他的心思都放在什么地方？常常这样观察，你对孩子的了解就会很充分。你对孩子了解得越充分，你对他所实施的教育也就越有针对性。

古人还总结了一套识人术，叫"居视其所亲，富视其所与，达视其所举，穷视其所不为，贫视其所不取"。意思是，要了解一个人，平时要看他与什么人交往，富贵时要看他把钱都给了谁，显赫时看他推荐了什么人，穷困时看他不做什么事，贫贱时看他所不取的。用这五条标准就可判断一个人到底怎样了。我感觉，这五条也可灵活地移植到家长的"审势"中，审视一个孩子的特质不妨从五个方面入手：平时看他乐意跟什么样的小伙伴玩耍？他有了新玩具是否愿意与他人分享？当上班干部之后，他是否依然低调？受到挫折时，他是否容易崩溃？遇到诱惑时，他是否还能坚守底线？经常用这五条标准"审势"，我相信您对孩子的了解也会比较充分。建立在对孩子充分了解之上的家教则一定会事半功倍。

"审势"清楚之后，家庭教育就能对症下药了。"对症下药"的总原则那副对联也说了，就是"攻心为上"。家长光唠叨没用，得孩子"走心"才管用。家教如何"攻心"？下篇再聊。

"攻心为上"的心理准备

我在上篇文章讲了家教中的"审势"，现在接着讲"攻心"。既然要对孩子"攻心为上"，那我们家长也要"将心比心"才行。为了让孩子"心服口服"，我觉得家长至少要做好三项心理准备。

第一条就是耐心。"攻心为上"的关键是让人心服口服，为了做到这一点，就必须有足够的耐心。你看，诸葛亮对孟获是"七擒七纵"，这样才真正赢得了孟获及其彝族部落的"心服"。在我看来，"七擒七纵"与其说充分展示了诸葛亮出色的军事才能，不如说表现了诸葛亮贯彻"攻心为上"战略的充分耐心。没耐心，你就没法赢得别人的

策略

真心，这是一个非常简单的道理，即便是家长对自己的孩子也不例外。尤其是在今天这样一个时代，你想让孩子对你心服口服，没有相当的耐心绝对做不到。孩子的一个毛病，做家长的纠正一次他就能改吗？不太可能吧？想让孩子养成个好习惯，你以身作则地示范一两次就够吗？恐怕也不行吧？所以，家长必须贯彻孔子"学而不厌，诲人不倦"的教育理念，要有足够的耐心。

可是，我们也不得不承认，随着生活节奏的加快，人们正在变得越来越躁动，越来越没耐心。包括我自己也是如此，有时本不该对孩子发火的事还是发了火，有时本可和颜悦色地对孩子交代的事却用了严厉的语气。事后反思，就知道这不是孩子不好，而是自己修养不够。我们生活在一个躁动不安的时代，耐心不够几乎是一个普遍的问题。我们对此一定要有警觉之心，不断地反省、修炼自己。不要以为你对孩子有耐心就是为了孩子好，孩子得感激你，而应该反过来想，我们正是通过耐心地教育孩子才提升了自己的修养，我们也该感谢孩子。

第二条是诚心。耐心要建立在最大的诚意基础上才能"耐得住"，若没有诚心，一般来说是"耐不住"的。难道还有对孩子虚情假意的父母吗？很多人可能会这样问。我要说的是，不要以为你是孩子的父母你就天然真诚地对孩子。很多家长都会说自己所做的一切都是"为了孩子"，可实际上真是这样吗？我们的传统文化提倡孝道，这当然没错。可是，在强调孝道之时，我们往往有意无意地神化父母对孩子的感情，搞得普天下的父母在子女面前似乎都成了无私奉献的楷模，站在了道德的绝对制高点上。可实际上呢？正因一些家长觉得自己先天地占有道德制高点，所以才在家庭生活中对孩子表现得简单粗暴、专制武断。

　　我们今天做了孩子的父母，可我们也有父母。只要心平气和地想一想，我们就得承认：在成长的过程中，自己确因父母的不正确对待而受到程度不同的伤害（包括身体上和心理上的）。父母对我们的爱是真的，但他们的种种毛病以及这些毛病给我们造成的坏影响也是真的。我觉得这才是世间的真相。今天，我们做了父母，也要先承认真相，然后用平等的真诚的心去与孩子交流。

　　有一次，儿子的班级开家长会，一位母亲介绍她教育女儿的经验，我觉得她讲得就很好。她在女儿八岁时又生了二胎，是一个男孩。有了小弟弟之后，女孩就感觉妈妈不像以前那么关心她了，就问："妈妈，有了小弟弟之后你是不是就不再爱我了？"这个妈妈回答："我爱你永远比爱你小弟弟多八年。"然后就坦然地说，我对你们两个肯定是都爱的，但爱谁多一点，看你们的表现，你们谁更优秀我就更爱谁。如果你们都很优秀，那我最高兴，就同样爱；如果你比弟弟优秀，我就更爱你；如果将来弟弟比你优秀，

135

我就更爱弟弟。这样才公平。这位母亲坦言，自己是有私心的，对子女的爱不是无条件的。这种坦诚是我所欣赏的。家长有诚心，才能放低姿态，与孩子平等交流；你能与孩子平等交流，孩子对你"心服口服"的几率才会大大增加。

第三条是同心。同心讲的是父亲和母亲（有时还包括爷爷奶奶、姥姥姥爷）要在教子活动中搞好合作，相互配合。现代社会处处都讲分工合作，家庭教育也不例外。在教子过程中，爸爸担起父亲的责任，妈妈要当好母亲的角色，二者缺一不可。现在的情况是，相当多的父亲缺席家庭教育或者在教子中发挥的作用严重不足。这肯定不利于孩子的成长。北京师范大学的家庭教育专家陈建翔副教授认为："母性教育是一种'叶根'的教育，目标是达到生命的滋润、丰满；那么，父性教育就是一种'主干'的教育，目标是建立人生的'主心骨'，实现生命向空中的充分伸展！"传统家庭中，大多是妈妈担任教育孩子的工作。而在柔软的母爱之外，孩子缺少的果敢、坚强、乐观、豁达等品质，则等待着父爱来填补。所以，他的建议是：无论工作多忙，父亲都要抽时间来陪伴和教育孩子。

"攻心为上"的心理准备就先说这些。大家准备好了吗？没做好准备的请抓紧准备，准备好的就进入"实际操作"吧。

教子不能搞"单边主义"

　　教育是一种双向活动，充满了互动性和不确定性。教育成果的好与坏，不仅与老师和家长有关，更与每个孩子的个体差异密不可分。最关键的是，人们不能也不该去试图人为地抹平这种差异——教育一旦抹平了不同孩子之间的差异，也就等于摧毁了孩子的个性，原本百花争艳的"花朵"也就成了高度趋同的"考试机器"。这种做法完全背离了教育的初衷，直接走向了教书育人的反面。

　　教育活动的复杂性就在于，它只有大致的一般性规律，却绝无放之四海而皆准的技巧。老师和家长在教育孩子的时候可以有正确的方向，却不能也不必要求孩子的发展完全在你的掌控之内。无论多么有经验的老师，也无论多么高明的家长，他们教育出的孩子与他们的期许之间总会有或多或少的偏差。明白这个道理，家长在教子的过程中就不能搞"单边主义"，不要想着孩子事事处处都听你的，甚至他的进步也在你的预想、掌控之中。如果您老是抱着"我想孩子应该如何如何"的观念去教子，那我敢说您会时时处处感到别扭、不顺心。如果您愿意放下自己的成见，不搞"单边主义"，而是平心静气地与孩子进行"双边对话"，多进行良性互动，那效果就会好得多。

　　著名教育专家尹建莉老师在《最美的教育最简单》一书

中反复强调，家长教子应遵循"大致齐"的原则，即千万不能求完美，只要孩子能做到"大致齐"就可以了。为什么不能求完美？因为完美在人间根本就不存在，各方面都符合家长期许的完美小孩更是不会有。非要去追求不可能、不存在的事情，那就是用力用错了方向，只能徒增烦恼。想清楚这个问题之后，你就应该心甘情愿地接受孩子的某些不完美。家长肯于接受孩子的某些不完美，孩子也一定会在另外的某些方面给家长以意外的惊喜。正负之间，能量大体总是平衡的。

放弃"单边主义"，多搞"双边对话"，还意味着家长要多观察自己的孩子，发现他的特点，以"因势利导"和"因材施教"。在这方面，我们好好读读《论语》，就能从大教育家孔子的身上学到很多。比如，很多弟子都向孔子"问仁"，但孔子每次回答都不一样。子贡问仁，孔子回答："工欲善其事，必先利其器。居是邦也，事其大夫之贤者，友其士之仁者。"子贡能说会道，有外交才华，还特别会赚钱，经常在不同的国家活动。针对他的这些特点，孔子就告诉他，先做好准备工作是很重要的。到了一个陌生的国家，要拜有德能的官员为师，同时结交心地良善的读书人。颜回问仁，孔子的回答是："克己复礼为仁。"然后还告诉他实践的具体路径："非礼勿视，非礼勿听，非礼勿言，非礼勿动。"颜回是孔门第一弟子，道德水平最高，孔子对他提出的要求也随之提高。最有意思的是，司马牛问仁，孔子给出的答案居然是："仁者其言也讱。"讱是指说话不急躁，孔子的意思是，想做个仁者，你先学会"有话慢慢说"。原来，司马牛这个人"多言而躁"，话痨，还急躁，所以孔子才教他"其言也讱"，针对性极强。你看，在孔子那里，"仁"绝不是死板的定义和僵硬的考核指标，而是代表着一种不断追求人格提升的人生方向。针对不同的弟子，孔子帮助他们迈向"仁"的方法也各不相同，这才叫"因材施教"。用现代的话来说，好的教育应该是一对一的"量身定做"，而非标准统一的"流水线生产"。

现在的学校教育，教育体系内有各种不同的教学考核指标。考核指标的催逼之下，学校和老师都有压力，他们可能都会自觉不自觉地使教学活动向着"流水线生产"的方向倾斜。此种情形之下，家长更应多与孩子进行"双边对话"，多情感互动，多亲情抚慰，少搞"完美预设"和"竞争训练"。相应的，家教的关注点也应该重视过程，淡化结果，"重因不重果"。佛经上说："菩萨重因不重果，凡夫重果不重因。"家长教子其实也是一种修行，修行就要放弃凡夫的坏毛病，逐渐地学着做菩萨——菩萨不是神，而是肯觉悟有智慧的明白人。

策　略

家教中的欲擒故纵

著名媒体人罗振宇讲过一个故事：他有一个特别博学的朋友，读书极多，"上知天文，下知地理"。罗振宇向他请教，你咋能读那么多的书呢？可有诀窍否？

朋友告知，此事跟老爸有关。家有很多藏书，老爸自己读，但却不许我随便读。必须经他允许，我才能取他书橱某个格子里的书来读，而且一次只能一格。可是，他又经常在我面前谈论那些书里的内容，搞得我心里痒痒的，读书兴趣大增，于是，就偷偷地去读，读书兴趣就此养成。

罗振宇听后大发感慨：看来，教导的力量在很多时候反不如诱惑的力量大。家长与其唠唠叨叨地教育孩子该如何如何，反倒不如用"诱惑"的方法更奏效。

其实，罗振宇的这位朋友是中了老爸的"欲擒故纵"之计。"欲擒故纵"是兵法上的一招，家长在教子方面也不妨借鉴使用。

古人也有人用"欲擒故纵"之计成功教子的事例，比如王羲之。王羲之是"书圣"，他有七个儿子。他也像很多父亲一样，希望儿子学会自己的"看家本领"，所以就曾很用心地教前六个儿子学书法。可这六个儿子最后的书法水平并不能让王羲之感到满意（这一点，王羲之的要求是太高了点）。当教第七个儿子王献之时，他改变了策略，采取"欲擒故纵"之计。他每每写字，故意不让王献之进书房，禁止他观摩。老爸越禁止，孩子越好奇，王献之就在书房楼上的地板挖了个洞，偷偷往下看。他见老爸笔走龙蛇，很是羡慕，遂对书法产生了浓厚的兴趣。见时机已到，王羲之才开始教他书法，但教时也不再像对前六个儿子那样竭尽全力，而采用启发式的方法，很多技巧点到即止，故意让王献之自己去"悟"。最后的结果是，王献之的书法水平达到了与父亲齐名的高度，父子两人在书法史上并称"二王"。

苏洵也曾用"欲擒故纵"的方法教过苏轼和苏辙。据说，苏轼和苏辙兄弟幼时也非常顽皮，并不热爱学习。苏洵经常苦口婆心地教育他们，然而效果甚微。于是，苏洵每在兄弟俩嬉闹之时就专心读书，做出一副很享受的样子，故意表演给孩子看。孩子好奇，就围过来看老爸有啥高兴事。可是，等两个孩子刚围过来，苏洵就将所读之书"藏"起来，不让孩子看。孩子以为父亲瞒着他们看什么好书，便趁父亲不在家时，将书"偷"出来读。渐渐地，他们也把读书当成了一种乐趣。最后的结果大家当然更知道了，苏洵和他的两个儿子苏轼、苏辙被世人称为"三苏"，爷仨全跻身"唐宋散文八大家"之列。唐、宋两个朝代一共才选出八位顶尖级散文高手，结果他们老苏家就占去了三个，真是牛得不得了。

三个教子故事，里面都有"欲擒故纵"的招法。我觉得，这招法的核心不是"擒"，也不是"纵"，而是巧妙的"诱"。对此，英国思想家、教育家洛克也有精彩论述："关于学习阅读，说得已经很多了，就是不要强迫他，也不要因此责备他。你要在可能的范围内诱导他去读，但不可把它作为他的一项任务。你宁可让他迟一年学会读书，也不可使他因此对于学习产生憎恶的心理。……你应该利用你的技巧，去使他的意志变得柔和，服从理智。"

"兴趣是最好的老师"，这话大家都知道，可是，怎样才能把孩子的兴趣诱导到正路上？这方面家长确实需要用心观察，多动脑筋。正面教育不成，不妨侧面诱导；想"擒"擒不住，不妨"故纵"一下，或许就能"擒"住；一种"纵"不奏效，不妨再试一种。反正，我觉得"诱"导的整体效果应该强于教训，教训强于唠叨。明明孩子不听，家长还一遍遍地唠叨，这恐怕是家庭教育中的下下策。真心希望各位家长放弃下策，改用高招。用高招确实需要家长多动脑筋，但它比不动脑筋的唠唠叨叨要有效得多。

本章小贴士

1. 家长切不可要求自己的孩子科科都优秀，处处都要争第一。相反，即使孩子有这种争强好胜的趋向，家长都要有一份警觉之心——以家长的警觉心来呵护孩子的平常心。

2. 心态与行为往往是一体的，不可分的。心态上"失之毫厘"，行动上就会"差之千里"；心态不先矫正，行为上的错误还会层出不穷。

3. 在孩子大哭大闹、使用无赖手段的时候，绝不能满足他提出的任何要求。

4. 奖惩的关键不在力度之大小，而在时机之精准而及时，即犯错必受惩，表现好必受奖。

5. 你孩子的性格特质是什么、他的长项在哪里、缺点又是什么，诸如此类的问题家长至少应该心中有数；此外，家长最好对孩子的发展势头、成长趋势也能有一个大致的方向性的预判，这样，你对孩子所实施的教育就会有的放矢，事半功倍。

6. 如果老是抱着"我想孩子应该如何如何"的观念去教子，那我敢说您会时时处处感到别扭、不顺心。如果您愿意放下自己的成见，不搞"单边主义"，而是平心静气地与孩子进行"双边对话"，多进行良性互动，那效果就会好得多。

策略

第六章

取舍

　　家长教育孩子，当然要教其守规矩。可是，家长也一定要知道，给孩子立下太多的规矩，会限制孩子的自由，影响其潜能的发挥，也不利于孩子"养浩然正气"。"浩然正气"一般都是人在身心自由的状态下经过长时熏习才养成的。若从小就用众多的规矩将小孩的言行一一地"控制"起来，这不是教育，而是监视。

　　好的教育是放飞，坏的教育才是控制。控制孩子只需要一些死板的教条，放飞孩子则需要一定的修养和教养。

🐛 要教养，不要教条

家长都希望自己的孩子"讲文明，懂礼貌"，不少家长为了让孩子学会"讲礼貌"也着实下过不少功夫，有的甚至将孩子送到国学班去学习各种礼仪。有些教育组织和机构也借推广孝文化之类的名号，让孩子回家给爸爸妈妈洗脚，以示孝敬父母。做这些事情，初衷当然都是好的，希望将男孩都培养成绅士，女孩都培养成淑女。可是，礼貌也好，礼仪也罢，是这么搞就能成功的吗？我看没这么简单。

孔子是春秋末期最有名的礼仪专家，对礼仪的规矩当然非常在行，可是，面对礼崩乐坏的社会，孔子发出的感慨是："礼云，礼云，玉帛云乎哉？乐云，乐云，钟鼓云乎哉？"意思是，大家都讲要学礼呀，学礼呀，难道学礼仅仅为了会给别人送玉送帛吗？大家都讲学音乐呀，学音乐呀，可学音乐仅仅就是为了学会敲钟打鼓吗？孔子如此感慨的用意是，礼的精神实质不光是学会种种仪式，而是要保养诚敬之心；学音乐的目的也不是为了多一项才艺，而是要学到"和"的文化精髓。以我对孔子的理解，老人家如果活到今天，他也一定会对拜师时的跪拜礼、小孩给爸爸妈妈洗脚之类的孝行发出类似的感慨——他老人家所提倡的，从来都是诚敬之心，而非礼仪的形式。时代都已经发展到了今天，想表达诚敬之心，方式方法有很多，干吗非得用

147

取舍

争议那么大的跪拜礼？孩子要真的孝敬父母，也有很多选择，干吗千篇一律地洗脚？将尊师重教诠释成跪拜礼，将孝行简化为给爸妈洗脚，这非但没能将师道和孝道进行良好的现代化转化，反而使师道和孝道原本丰富的内涵变得狭隘化、符号化、古董化。弘扬传统文化是好事，但弘扬的方向应该是传统文化的现代化转化，而非将现代人拉回到古代社会。

现在，终于可以说出我对教孩子"讲文明，懂礼貌"的观点了，那就是：要教养，不要教条。教养的核心是"养"，正如孟子所说"我善养吾浩然之气"。家长教孩子学礼貌也好，学礼仪也罢，核心都该放在如何设法养孩子的正气上，而不要把过多的精力放在教孩子学那些复杂的礼仪规范及各种礼貌用语上。若失去了内心的诚敬和善意，那些礼仪规范和礼貌用语就都成了形式，成了空架子。如果家长再处处以这些礼仪规范和礼貌用语来监督、约束孩子，那就变成了教条。教条之下，孩子可能会学会各种"规矩"，但这些"规矩"也可能让他变得虚伪，而非真诚。一旦丧失了真诚，这个人即便懂得的"规矩"再多，也依然没教养。反之，若一个孩子养成了诚敬之心，即便他小时候不懂那么多的"规矩"，大点的时候一学也就会了。形式上的东西无论看起来多么花哨，其重要性都无法与实质内容相比。最好的"礼"当然是既有诚敬的内心又有得体的言行，二者和谐一体，这是最佳状态。可是，对教育孩子来说，在"两者不可得兼"的情况下，我们就要大胆地舍去形式，而要千方百计地保住实质内容。

我教儿子诵读传统经典，对传统礼仪中的行为规范也略知一二，甚至还受邀给一些国学班讲过传统礼仪。我绝不反对优秀的传统文化，也不反对孩子要讲礼貌，甚至对礼仪规范本身也不反对，但是，我反对以不恰当的方式来向孩子灌输这些"规矩"，强迫孩子"知书达理"。我自己在教育儿子的过程中也没给他立那些"规矩"——时代变了，今天的成人都无法遵守的古人规矩，我们又怎么能要求孩子遵守呢？古代人行跪拜礼，与他们所处的社会氛围合拍，古代大臣上朝就要向皇帝行跪拜礼，男女结婚也要给双方父母跪拜。现代社会，大家上班最多打个卡，电梯里遇见领导也就是问声好、点个头的事，这种社会氛围之下，你再搞跪拜礼，确实有点不合时宜了。

家长教育孩子，当然要教其守规矩。可是，家长也一定要知道，给孩子立下太多的规矩，会限制孩子的自由，影响其潜能的发挥，也不利于孩子"养浩然之气"。"浩然之气"一般都是人在身心自由的状态下经过长时熏习才养成的。若从小就用众多的规矩将小孩的言行一一地"控制"起来，这不是教育，而是监视。

好的教育是放飞，坏的教育才是控制。控制孩子只需要

149

取舍

一些死板的教条，放飞孩子则需要一定的修养和教养。

孩子的"杀毒软件"

电脑都要安装杀毒软件，或 360 卫士，或金山毒霸，原因自不必说。一台不装杀毒软件的电脑，一定会遭受病毒攻击。

电脑要安装杀毒软件，人也需要。若说医疗养生是对人的硬件设施所进行的保养、维护，那么受教育学文化就是对人装软件且不断升级。人的"软件"不及时升级，就会观念落伍，不能与时俱进。

对孩子来说，他们上学受教育，学各种各样的知识，这本身是一个不断下载"软件"的过程。小孩子生命力旺盛，接受能力强，所以他们的软件下载速度快，升级也快。但在这个过程中，我感觉也得给他们安装"杀毒软件"。为什么呢？因为现在的社会正处在快速转型的过程中，文化多元，信息的来源多种多样，我们根本无法保证孩子接受的每一条信息都是"正能量"，都适合他们。可以说，不论成人如何努力，我们想让孩子不接触到不良信息几乎是不可能的，要让他们与不良价值观念绝缘也几乎是做不到的。在一个善恶杂陈、正邪共生的社会中，我们必须提高孩子明辨是非善恶的能力。不仅要让他们能分辨出什么是善，什么是恶，什么是好的，什么是坏的，还要逐渐让他们学会在复杂环境中如何拒绝诱惑，远离邪恶。要让孩子有这个本领，就必须给他们安装性能优良的"杀毒软件"。

什么是孩子的"杀毒软件"？能帮助孩子确立正确的人生观、价值观、世界观的思想文化就是，比如中国优秀的传统文化，比如西方先进的自由、民主等人道主义观念。我的观点是：让孩子越早接触到正确的"三观"教育，孩子"杀毒软件"功能就越强；孩子越是经常性地读诵"三观"正确的书籍，他就越容易抗拒住歪风邪气的诱惑。

基于上述体悟，我从幼儿园起就教儿子学习《论语》《大学》《中庸》《孟子》《道德经》等传统经典。因我将这些经典著作逐字逐句向他讲解过，所以在诵读的过程中，一些思想观念便潜移默化地进入了他的头脑，成了"杀毒软件"。儿子曾跟我说，遇到一些感觉不对劲的情况，他就启动"杀毒软件"。比如他就感觉《熊出没》有点不太靠谱，因为整部动画片就是讲"几个人在森林里群殴"，"而且熊大、熊二还闹内讧"，"光头强整天骂人，说脏话"，"里面没一个好人"。此事让我觉得他的"杀毒能力"还比较强。我由此感到，在当今时代，若孩子的头脑中不安装"杀毒软件"，在现在这个光怪陆离的时代是很容易受到污染的。

有人说，中国传统文化有糟粕，西方文化又有不符合中国国情的地方，我们该如何选择？又该如何调和中西、取

151

取舍

其精华去其糟粕？这个问题比较复杂，中国传统文化中哪些是精华哪些是糟粕？西方文化中哪些可以移植到中国来哪些不能？这本身就是聚讼纷纭、莫衷一是的学术问题，非三言两语所能说清。不过，对教育孩子来说，也有一个简便、稳妥的办法，那就是求同存异，取各类思想文化的"最大公约数"。"最大公约数"是东西方文化的共识，亦是人类几千年社会实践所总结出的共同底线。这个思想文化的"最大公约数"是什么？是孔子所说的"恕"——"己所不欲，勿施于人"，也就是将心比心，不要把自己所不愿意接受的恶果施加于他人。"恕道"再往前推一步，就是"忠"——"己欲立而立人，己欲达而达人"，愿意帮助他人成就好事，也乐于与别人分享自己的好处。"忠恕之道"再扩展，便是儒家的"仁、义、礼、智、信"。因此，我认为，让孩子从小就好好地学习中国的传统经典是大有好处的。中国的传统经典，尤其是儒家的经典著作，观念纯正，雍容大气，且包容性极强，只要经过恰当的阐述和转化，就可作为孩子形成正确"三观"的思想文化基座。我读过一些西方的思想哲学著作，也读过佛经和《圣经》，比较之后的一个结果就是，"英雄所见略同"，中西方圣贤对人性的认识是大体相同的，他们所倡导的正确"三观"也是基本一致的，没有根本矛盾。先把儒家的经典著作学好，对日后学什么都不抵牾，且都有帮助。

怎么样？您觉得我推荐的"杀毒软件"实用吗？若还没有安装过，不妨试用一下吧。

🌩 报培训班的 N 条军规

我有一朋友是书法家，有人拜他为师学书法，也有人就孩子学书法的问题向他咨询。一次，有家长问："我非常愿意让孩子学书法，已给他报了某某书法培训班，再让他跟着您学学，行吗？"

朋友回答："你把那个培训班退了！"

孩子家长问："这么说，您是肯收我的孩子了？"

朋友说："不收。"

家长问："您不收，还让我把原来的书法培训班退了，那孩子到哪里学书法呀？"

朋友回答："让你孩子从那个培训班退出，就已是帮助他好好学书法了。"

家长错愕。朋友进一步解释："一个从来没上过书法培训班的人开始学书法，他是从零开始的。可一些上错了培训班的人，他的书法之路却要从负数开始——方向不对，越学离正路越远。"

家长这才明白，原来书法培训班真不该随便就让孩子去上。随后朋友又给家长解释了一番什么才是真正的书法以

153

取舍

及不当培训对真正书法的戕害。

其实，何止是书法培训班，别的才艺培训班不是也有类似的情况吗？因此，家长在给孩子报培训班时一定要有智慧，一是不要盲目给孩子报培训班，二是报培训班时要遵循一定的"军规"。

第一条"军规"，勿攀比。这一条事关心态，非常重要。不少家长对自己孩子的特长、爱好并不了解（有时是孩子还太小，尚未表现出自己的兴趣），看着别人的孩子能歌善舞、多才多艺就很羡慕，一问，知道人家是在培训班里学会的，于是就给自己的孩子也报这样的培训班，美其名曰"不能让孩子输在起跑线上"，其实真实的心理是："别人孩子学会的东西，我的孩子也要学会。"这就是攀比心态。攀比心态之所以错误，最关键的就在于它是一种家长本位的思维，而非孩子本位的思维，即让孩子上培训班的目的不是为了满足孩子的兴趣爱好，而是为了家长自己的面子。这种心态本身就极不可取。心态正确，是家长教子和孩子学习的第一"善因"，种善因才能得善果；若心态不正，"必堕邪路"。这就像农民种地，首先就要保证种下的种子是真的。若种下的是假种子，即便之后再浇水施肥，也不能长出庄稼，收获粮食。

第二条"军规"，选择靠谱的培训班。这是一项技术活，需要家长有去伪存真的辨识力，最好是有一双"慧眼"。否则，选错了培训班，不但花了冤枉钱，而且还有可能让你的孩子在才艺方面走错了路。心急的朋友可能会问了：那怎么才能练出一双"慧眼"呢？这还真不是三言两语就能说清楚的事。我的支招是：降低功利心，越是用获奖、艺术加分等功利性指标诱惑你的培训班，越要保持警惕。原因很简单，"锐进者多速退"，能让孩子在一两期培训班内就将某项才艺达到相当高水准的人，其采用的教学方法大多是违背教育规律的。用题海战术就可以让孩子考试得高分，但这种做法会摧毁孩子的学习兴趣，得不偿失。同样道理，才艺培训班也可用类似的方法来强化训练，使孩子短期内成绩提升较快，但之后就进步乏力甚至是兴趣索然。

家长要明白，送孩子上培训班，主要目的是为了培养孩子的兴趣，而非将孩子培养成专家。家长有望子成龙之心可以理解，但若期望值过高，那是注定要失败的。给孩子报个围棋班就希望他成为聂卫平，报个绘画班就盼望他成为齐白石，报个钢琴班就期待他成为郎朗，那是不是也太贪心了？一般来说，培训班若能让孩子爱上某项才艺，激发出孩子对艺术的亲近感和好奇心，那就已经是功德无量的事了。至于更高的专业技能和专业水准，那需要孩子在漫长的人生道路上不断学习、长期努力才能获得，企图上上培训班就能成为某个领域里的专业人才，我总觉得不太靠谱——要么是高看了自己的孩子，要么是轻看了艺术。

取舍

第三条"军规",宁缺毋滥。有些家长为了让孩子多才多艺,就疯狂给孩子报培训班,让孩子"八面出击",搞得自己和孩子都身心俱疲。这种做法也非常不好。才艺学习,本来就不是必须的。它是一种锦上添花式的教育活动,是为了让孩子的身心更健全。若家长给孩子报的培训班太多,性质就变了——上培训班成了孩子的苦差事。这样的培训班,上还不如不上。

最后一条,以上所说只是我个人不太成熟的看法,虽贯以"军规",但绝不"强制执行",仅供诸位参考而已。

暑假作业的做法

儿子的暑假结束了。新学期开学之前,学校召开家长会。家长会上,老师谈到了一些孩子没完成暑假作业,而家长还向老师求情。老师很气愤,说这些家长不与老师合作,共同教育好孩子,怎么还能替孩子向老师求情呢?我听后也很诧异。不过,此事也让我想起了几件与暑假作业相关的事。

第一件,放暑假之前,学校召开家长会,会上老师也讲到了暑假作业的问题。老师当时说,布置暑假作业的目的一来是为了巩固学过的知识,二来是为了培养孩子良好的学习习惯。因此暑假作业要每天坚持做。为了方便,老师还特意将作业分解到每一天，即学生哪一天做多少作业老师都标注好了，家长只要督促孩子每天完成就可以了。我当时听了就想，老师真是用心呀，工作细致到这等程度，真不易。

第二件，放暑假大约大半个月的时候，我带儿子散步，路上遇见了他的一个同学。同学的爷爷带着他外出回来。因为送孩子上学时经常见面，彼此就熟悉了，路上打招呼。打完招呼后，爷爷就问我儿子："你作业做完了吗？"儿子自然说没做完。然后他就说，我让孩子赶紧把数学作业先做完，然后再做语文，早做完就早省事。这位家长督导孩子做暑假作业的方法显然属于"提前完成型"。

还有一种类型就是"临时突击型"，这类家长想，好不容易放暑假了，先让孩子好好玩玩再说吧，暑假作业等快开学的时候临时突击也来得及。等到临开学两三周的时候，他们再督促孩子做暑假作业。"突击"的结果是，有的孩子"突击"能力强，赶在开学之前完成了作业，而有的孩子"突击"能力差，开学了仍没完成作业。无奈之下，就只得使出各种手段让家长替自己向老师求情。家长向老师求情，结果还惹得老师很生气。老师生气也很正常，我明明把作业都给你分配到每一天了，你每天做个十分钟二十分钟的就可以完成，怎么到最后还完不成？这不是明显地不配合吗？

暑假作业并不是一件多么大的事情，但通过此事，我们

157

取舍

却可看出不同家长督导孩子做作业的思维模式。这些思维模式，关乎的不只是作业，更有大的学习理念和教育方法。关于学习，孔子说："知之者不如好之者，好之者不如乐之者。"这话很经典，道理也很简单，教育孩子最好的方法，就是让孩子爱上学习，自主地学习，还能体会到学习的乐趣。可实际上，体会学习的乐趣那是有门槛的，且对有些人来说门槛还不低。这个门槛是什么？那就是你必须经过坚持不懈的训练才能"入门"，才能体会到学习的快乐。如果因为没体验到学习的乐趣就拒绝学习，那恐怕永远都不会体验到学习的快乐。很少有人天生就是"学霸"，"学霸"多是要经过长期的训练才练出来的。那怎样才能把孩子训练得爱学习呢？就得让他天天坚持学习。习惯是在一天一天的坚持中养成的，持久的坚持远比一时激情之下的狂热重要得多。"一日曝之，十日寒之"，本身就违反学习上所应遵循的循序渐进的规律。

老师布置暑假作业，其核心目的也不在作业本身，而是让学生每天都要学习一会儿，不能光疯玩，把学习的事给抛到九霄云外去。每天都坚持学习，时间长了，良好的学习习惯也就养成了。因此，我觉得老师的这种做法是非常好的，家长只要照着做就可以了。"提前完成型"的暑假督导方式，在孩子提前完成老师布置的作业之后，家长最好有自己的指导计划，仍能让孩子每天坚持学习一会儿。

如果没有，那还不如按老师的规划，不紧不慢地完成。"突击性型"的暑假督导方式最不可取，因为它不但同样会造成孩子学习的"空窗期"，而且还会让孩子在"突击"的过程中感到不必要的紧张和焦虑，一旦完不成"突击"任务，家长在老师面前也会感到难堪。说到底，家长在督导孩子作业的时候，不能就事论事，要有一点"超越性"思维，要跳出来看，要知道作业不仅仅是孩子的一项"任务"，还要通过作业达到更高的目的（养成良好的学习习惯）。

需要让孩子科科都好吗

自己的孩子学习好，科科都优秀，年年评"三好"，各种荣誉证书纷至沓来……不用说，这是众多家长的乐见之事。遇上一个省心而"争气"的孩子，确实是做父母的福分。可是，这样的福分并非每个家长都有，且据我有限的观察，消受不了这份福分的家长还是绝大多数。那么，问题来了：家长真的需要让孩子科科都好吗？或曰：面对孩子某种程度的"偏科"，家长该如何对待？

首先，我们必须明确：孩子能够科科优秀、全面发展固然好，但若做不到这一点，那也很正常，不算什么大的缺憾。为什么这么说呢？其一，绝大多数的学生都做不到科科全优，所以，家长也没必要非得要求自己的孩子科科全优。

159

取舍

以生物学而论，有点偏科的学生是正常物种，而科科全优的学生更像是变异物种。其二，历史上有不少很厉害的人物，他们在学生时代也是偏科的，比如钱锺书，他的语文和外语极棒，可数学就很差，但这并没妨碍他成为著名的作家、学者。其三，就考试而言，科科全优的学生自然会屡屡胜出；可一旦走出校门，进入社会这个更辽阔的考场，在面对人生这张更复杂的考卷之时，学生时代的科科全优是否还能依然保持？这实在是个未知数。有教育学家就说："在21世纪，孩子将来是靠长处吃饭的，不是短处，所以父母不要截长补短，没必要要求他中文、英文、数学样样行，而是他必须有一项特别出色，能够跟别人竞争。在科技整合的现代，任何领域玩出名堂都有饭吃，不一定非得是最热的领域；即便是冷门的科系，只要孩子喜欢有兴趣，都没有关系，只要你是这个科系中做得最好的人，你一定有饭吃。最怕就是样样通、样样松，半吊子的学生念再热门的科系也没有。"

理论问题解决之后，剩下的就是实际操作了。有的家长可能会问：道理是那么个道理，可我看着自己孩子偏科，心里总是着急，害怕他输在起跑线上，咋办？我的办法就是：沉住气，淡定。

我儿子上小学之前，我就带着他背下了不少经典，他的识字量和阅读量都比较大，说起话来也一套一套的，逻辑不乱。我当时感觉，这小子上一年级，学习应该很轻松吧，弄好了还不得跳级？可真上了小学之后才发现，学校的课程另有一套标准，儿子不但没跳级，还真的有些偏科。他阅读、背诵当然是强项，可书写就不灵光，没练过，字写不了那么工整，也写不了那么快；算数也不行，虽然会算，但速度慢，达不到标准；英语没上过培训班，说得也是磕磕绊绊。儿子是班长，觉得自己学习有弱项很不爽，很着急。我和妻子就给他做"心理辅导"，说没关系，你已经有强项了，也不能样样都强呀。人家英语比你好的同学上过辅导班，算数速度快的同学也上过衔接班，人家都受过这方面的训练，你没有，比他们差一点是正常的。别着急，你慢慢学，慢慢就赶上了。开导完之后，事情就放下了。我们知道，儿子整体学习不错，也是个靠谱的孩子，这就够了。至于科科都优，次次考试得满分，那又何必呢？佛经说"熄灭贪嗔痴"，作为孩子的家长，我们也不能太贪，是吧？

　　一年级过去了，到了二年级下半学期。有一天，儿子放学回家嘟噜嘟噜地说了几句英语，我一听，发音挺标准呀。一问，他很高兴地说："我的英语现在已经是班里的顶尖水平了，就连孙某某都不敢轻视我了！"孙某某一直在上英语培训班，是他们班英语成绩最好的。我问："你是怎么追上的？"他说："不知道。反正不知不觉之间我的英

取舍

语成绩就提高了。"我对这事的感触是：孩子在学习上有点偏科没那么可怕，家长淡定些，给孩子一段时间，他或许就能补上来。即便补不上，也没什么。学科那么多，只要孩子能有一门真正喜欢的学科，只要他能借此体会到学习的快乐，那他就是好样的。

　　文章写到这里，本可结束了，但我还想请"嘉宾"为我站台助威，原因很简单：一个人微言轻的家伙说得再有道理，大家也难免将信将疑。此时就需要请出一个重量级的人物来帮腔。好，我今天请出的"嘉宾"就是重量级人物，他叫苏霍姆林斯基，世界级的教育家，他的发言是："如果学生有了一门喜欢的学科，那么你就不必为他没有在所有各科上取得'五分'（'五分'在当时的苏联是满分）而不安。应当使人更为担心的，倒是门门成绩优秀但却没有一门喜欢的学科的学生。多年的经验使我确信，这种学生是不懂得脑力劳动的快乐的平庸之辈。"

🌧 该给孩子怎样的暗示

　　先给大家讲一个教育学上的著名理论——罗森塔尔效应：1968 年，美国的心理学家罗森塔尔和他的助手雅格布森来到一所小学，从一到六年级中各选 3 个班，煞有介事地进行一场"未来发展趋势测验"。"测验"之后，他们将一份"最有发展前途者"的名单交给了校长和教师，叮嘱他们务必要保密，以免影响实验的正确性。8个月后，他们再来到这所学校调查，结果让所有的人都感到吃惊：凡是上了名单的学生，个个都有了较大的进步。比如，性格变得更开朗，求知欲更旺盛，与老师的关系也变得更融洽，等等。

可实际上，他们提供的名单完全是随机抽取的，没有任何依据。那为什么上了名单的孩子会有如此巨大的进步呢？这就是心理暗示的重要作用。他们提供的那份名单暗示了校长和教师，坚定了老师对这些孩子的信心，虽然老师没有把这个"秘密"说出来，但他们会在教学过程中通过眼神、音调、表情等传染给学生，这些学生也强烈地感受到来自教师的热爱和期望，于是变得更加自尊、自信和自强，于是他们便取得了异乎寻常的进步。

罗森塔尔所进行的这个实验被誉为"罗森塔尔效应"，它揭示出了期许与暗示对人的巨大作用。一个人最终成为什么样的人，归根结底取决于他自己想成为一个什么样的人。在这个过程中，外界的暗示和他的自我期许有着超过寻常的作用。外界给一个人积极的暗示，会增加他的自信，有助于他形成积极的自我期许，这样就是一个良性循环；如果外界一直给他不良的暗示，这个人就容易形成巨大的心理阴影。心理阴影的面积太大，自然不利于一个人的健

163

取舍

康发展。

知道了罗森塔尔效应之后，家长就应该多给孩子以积极的暗示和期许，帮助孩子树立自信心，而不要老指责孩子，呵斥孩子。对孩子的过度指责和呵斥，其实是会挫伤孩子的自尊心和自信心的。我在送儿子上学的路上，就经常听见一些家长互相抱怨自家孩子的种种不好，比如马虎、拖拉、不爱学习等。这样的做法我觉得是不妥的，别的不说，你老是抱怨孩子，指责孩子，这样的情绪本身就会给孩子造成"我不好，我没能让父母满意"的暗示。长期接受这种负面的暗示，孩子的自信心能不受影响吗？反过来，如果家长有意识地暗示孩子"我看好你，你一定行"，慢慢地，孩子可能就把家长的暗示转换成他自己的内心期许，如此一来，家长的期望和孩子努力的方向也就一致了。内心有了自我期许的孩子，他会变得自尊和自信，他的生命潜能也会被极大地激发出来，他的学习会由被动状态变为主动状态，他的成长模式会由自发模式转化为自觉模式，整个人的"精气神"都会获得全面的提升，相当于从 1.0 版本升级到了 2.0 版本。

木心先生曾经说过，所有的伟大人物都有对自己的明确人生期许和历史认知，只不过有的人憋住了，不说出来，有的人没憋住，说了出来。我想了想，还真是这么回事。比如孔子，温良恭俭让，平时自然是非常谦虚的，可是在宋国遭司马桓魋追杀时，他就对弟子们说："天生德于予，桓魋其如予何？"意思是，我是天命在身的人，桓魋是杀不死我的，不用害怕。敢说自己是天命在身的人，够自信吧？司马迁说写《史记》的目的是"欲究天人之际，通古今之变，成一家之言"，定位非常之高；杜甫说"诗本吾家事"，对写诗也超级自信；苏轼谈书法，说"我本不善书，知书莫若我"，意思是，我本来没在书法上下过太大的功夫，可是若论对书法的理解，没人能超过我。看看这几个伟人说的话，听听他们说话的口气，我们便知，他们很早就对自己有极高的内心期许，也就是从小树立了远大的理想。远大理想本身就是高级的心理暗示，是他们持续努力的不竭动力。成名之后，他们对自己的成就也是非常清楚的，内心充满了自信。

家长和孩子之间的关系应该是彼此激励、相互成就的关系，如果家长在教子的过程中感受到了这一点，那就对了；如果家长和孩子之间成了彼此纠结、相互抱怨的关系，那就一定是出问题了，需要反思和修正。曾经有人说"好孩子是夸出来的"，话虽然有点绝对，但道理是没错的。家长给孩子以积极的心理暗示，孩子在心里形成良好的自我期许，这绝对是教育的王道。

取舍

对老师的期许

2015 年 9 月 10 日，教师节，我在微信朋友圈读到不少与老师有关的文字，我归纳了一下，这些文字分三类。

第一类：感恩歌颂型。人们感恩自己的老师，同时讴歌整个教师群体，说他们是春蚕加蜡烛。这一类文字大家最熟悉。

第二类：调侃吐槽型。这个段子我是从一位教师的微信上看来的，全文如下：教书是一场暗恋，你费尽心思去爱一群人，结果却只感动了自己；教书是一场苦恋，费心爱的那一群人，总会离你而去；教书是一场单恋，学生虐我千百遍，我待学生如初恋；教书是一桩群恋，通过你的牵线搭桥，相恋成片，老师却在原地一成不变。亲爱的同学，你若不离不弃，我便点灯相依；你若自我放弃，我也战斗到底！这虽是站在教师视角的一种自我解嘲，但谁又能说其中没有现实的成分？

第三类：历史教训型。魏新先生在微信上发了一文《从九纹龙史进看选择老师的重要性》，文章说《水浒传》中的九纹龙史进爱舞枪弄棒，在遇到东京八十万禁军教头王进之前居然"经了七八个有名的师父"，但这些"师父"非但没有教会史进精湛的武功，反而把他给教坏了，以至于王进想把史进教好都做不到了。最后，王进看出"这个愤青早晚要出大事"，赶紧离开了他。人们不禁要问，史进习武多年仍被王进一棍"撂倒"，那他以前的"七八个有名的师父"是怎么教的呀？文章拿其中的一个师父李忠做例子分析，得出的结论是：这些老师根本就没多少真本领，史进拜他们为师也只能学些江湖义气、身上刺青等"包装"功夫，捎带着还学会了嫖娼。有史进这样的反面教材，我们就可看出，选择老师是多么重要。

三类文章均围绕着教师说事，说得都有道理，但显然视角各异。这就引起了我对教师职业的一点思考，即家长到底应该如何对待教自己孩子的老师？选择老师确实非常重要，但在现在的教育体制下，中小学生能选择老师吗？恐怕很难。你想择校都不行，遑论选老师？那想让老师好好教自己的孩子，家长需不需要给校长、老师"意思意思"呢？这样做的人肯定是有的，但我想也没多大意思。要知道，李忠也没少接受史进爸爸的孝敬，可结果仍没能把史进给教好。剩下的呢？可以讴歌教师，期许他们做春蚕和蜡烛。这是我们社会的主流叙事，同时也饱含着对老师的极高期许。可是，理想很丰满，现实很骨感。站在讲坛上的老师绝大多数都是普通人，他们不可能都变成春蚕和蜡烛。春蚕和蜡烛一样的老师当然也是有的，但能不能被你的孩子碰上，却只能碰运气了。

那该怎么办呢？只能绝望吗？当然不是。家长对教自己

取舍

孩子的老师应该理性对待。什么叫理性对待？即把绝大多数老师当作普通人看待。教师的职业确实是崇高的，但从事这一职业的人也是与你我一样的普通人，他们也有喜怒哀乐，在工作中也会遇到各种限定，也会有种种不易，乃至难言之隐。所以，我们家长不宜用春蚕和蜡烛的标准来要求或期许自己孩子的老师。如果那样做，我们多半会失望。

同时，我们也要相信，绝大多数的老师都是想把孩子教好的，看到孩子们不断进步，他们会感到高兴，会有成就感。我曾给几所大学代过课，有过做教师的经验，对老师的艰辛与欣喜有切身感受。我同时也是一名家长，也知道家长的焦虑之所在。我不得不说，家长和老师对孩子的关注重点是不一样的，家长只关注自家的孩子，这种关注是深入的全方位的；老师要教几十个甚至上百个学生，不可能对每个孩子都做到细致入微。家长和教师之间，最重要的是将心比心，以平常心对待，不可期许太高。

🌧 教子也宜"知所先后"

《礼记·大学》中说："大学之道，在明明德，在亲民，在止于至善。知止而后有定，定而后能静，静而后能安，安而后能虑，虑而后能得。物有本末，事有终始。知所先后，则近道矣。"此话很有道理，我们衡量一个人到底靠谱不靠谱，有智慧还是没智慧，最简便的办法就是看他做人能否分清"本末"，做事能否分清"先后"。"本末"关乎方向，"先后"关乎次第，方向跟人生观、价值观密不可分，次第则与方法正确与否关系极大。其实，教子问题也有"本末"与"先后"的问题。今天，我们暂且不谈"本末"，只谈"先后"。

"先后"是事物发展的一个客观规律，春天之后是夏天，夏天之后是秋天，秋天之后是冬天，四季轮回就是自然界的"先后"；春播、夏耘、秋收、冬藏，就是农民种庄稼遵循的"先后"；孩子出生之后，先学会坐，然后学会站，再学会走，再学会跑，坐、站、走、跑就是孩子生长发育的"先后"。与孩子身体成长相对的是，对孩子的教育活动也宜遵循一定的"先后"。如果违反了教子的"先后"规律，那教子活动可能就会事倍功半甚至费力不讨好；如果在教子时能"知所先后"，并主动遵循这个"先后"，那教子活动就会收到事半功倍之效。

那么，问题来了：挖掘机技术哪家强？教子的"先后"到底是什么？别卖关子了，告诉我，先。

好，谜底马上揭开，"见证奇迹的时刻到了"，请看英国大思想家、教育家洛克的两段话："我觉得儿童的年岁愈小，则其放佚不羁的欲望愈宜少予满足，儿童自己的理智愈少，就应该受到管理者绝对权力的约束。""凡是用

169

取舍

心管教儿童的人，便应该在儿童极小的时候早早加以管教，应该使子女绝对服从父母的意志。你如果希望你的儿子过了儿童时期以后仍旧服从你，你便要在他刚刚知道服从，知道自己归谁管教的时候树立起做父亲的威信。……到他年岁愈长，你便愈当多多假以辞色。这样一来，他小时候便是你的一个顺从的臣仆（这是合适的），长大了又是你的一位贴心的朋友了。因为我觉得大家对待子女的方法很不正确，子女幼小的时候，他们一味放纵亲狎，一旦子女长大成人，则又对之声色俱厉，不去亲近他们了。"

上面两段话出自洛克的教育学名著《教育漫话》中，我读到时击节叫好，认为"真是说到了点子上"，遂拿出来与大家分享。洛克提到的家长对待子女的不正确方法，肯定是来自他对17世纪英国人的观察，但我觉得这也是一个普遍现象，中国家长也容易犯这样的错误。人性大体相同，不论古今，亦不论中外，"幸福的家庭都是相似的"，不幸的人们所犯的错误及犯错的原因也大体相似。前一句话很有名，是大文豪托尔斯泰说的，后一句话则没有被人引用过，因为我刚刚才写出来。不过，我觉得这话说出的也是一个事实：家长容易犯溺爱子女的错误，恰如贪官都经不住金钱和女色的诱惑。不要怪自家的孩子太可爱，也不要怪金钱和女色的诱惑太大，要怪就怪自己，怪自己对人性的弱点没有充分认识，怪自己对人类常犯的错误缺乏警惕性。

做父母的人绝大多数都是爱护自己子女的，但是那种自然的爱一旦离开理智的"严密监管"就容易泛滥成灾，变成溺爱。由于溺爱，他们总觉得小孩子放纵一点，胡闹一点是"小事"，可以不管。可实际上，许许多多的"小事"就会累积成"大事"——比如孩子养成了坏习惯。小时候被放纵被溺爱的孩子，长大后发现出了问题，家长此时再想管可能就已经非常"不好管"了。道理很简单，大凡小时候不惯于服从他人理智的人，一旦长大成人，他也很少会服从自己的理智。所以，我觉得教子的正确"先后"顺序是：在孩子小时候宜严格管教，孩子越大就要越"放手"——当然，能具体的"放手"程度要视家长的"放心"程度而定，孩子越让你"放心"，你就越要对他"放手"。如此良性循环，方是教子佳招。

如何呵护孩子的天性

妻子到一同事家，发现同事四岁的女儿非常特别，有个性。她说，这个小女孩专注力极好，她所在的幼儿园让孩子选择喜欢做的事情，这个孩子居然就能专心致志地给图画涂颜色，一涂就是整整一上午。记住，涂色可不是老师安排的，而是孩子自选的。一个四岁的小孩子就能这么长

171

取舍

时间地集中精力，殊为难得。另外，妻子还说，这个小女孩专心于自己的世界，有自己的节奏，她说话很慢，且保持同样的速度。家长让她跟客人打招呼，她不怎么上心，但她想与客人交流时也能清晰地表达自己的想法。妻子对同事说，四岁的孩子就有这么好的专注力，非常难得，你一定要呵护好她的天性，能呵护多久就呵护多久！

我同意妻子的看法。此事也引发了我对如何呵护孩子天性的一点思考。应该说，在呵护孩子天性方面，我们国家是教训多于经验的，当年国家也发现了一些神童，还特意创办了中科大少年班，被人们称之为"神童班"，可是最后"神童教育"以失败告终。这事说明，孩子的天性、天赋是需要呵护的，但不可拔苗助长。那么，呵护是不是就等于视而不见、置之不理呢？恐怕也不是。我本人在这方面就有教训。我小时候有不错的天性，或者说是天赋。那时村里用大喇叭播放国家领导人的讲话，我听两遍就能绘声绘色地背下来，不但字词一样，连声调都一样。村里有人下中国象棋，我不用人教，在旁边看看就学会了，学会之后就与别人下，很快就把整个村子会下象棋的人都杀败了（由此亦可见当地村民棋艺之低）。我当时只有六岁，还没上学。我父亲会唱驴皮影，我看着他们五六个人唱，很快也学会了。我不但学会了唱，还能用纸壳制作出惟妙惟肖的影人，能灵活地耍影人。

我那时的大脑，能轻轻松松地记下感兴趣的一切，说它像照相机都是贬低，更准确的说法应该是像录像机。别人说过的话，做的动作，表情，声调以及当时的环境，都会清清楚楚地印在我的大脑里，需要的时候我就会像放录像一样，启动按钮就可回放一遍。村里的人都知道我聪明，在我们村"上山下乡"的知青也喜欢我，经常送我小礼物。可是，在偏远的农村，父母都是农民，整天忙碌着农活，哪有心思对孩子进行特殊的呵护与教育？

　　上学之后，父母告诉我，你要好好读书，要考学，考上大学就可离开农村去城市。于是，我便好好读书，把心思用在了考大学之上。大学当然是考上了，可是，就在为考大学奋斗的岁月里，也不知从哪一天起，我的大脑丧失了它的"录像机"功能。我的理解是，上帝曾经赋予我一副超强的大脑，但他看我没有很好地使用，而只是用它来干读书、考学之类的庸俗之事，他很失望，就又把那些超强的功能给收回了。而我，也就此"泯然众人矣"。

　　十多年前，父亲到济南来，看到济南有专门的象棋学校。他深有感触地说："你小时候象棋下得很好。如果那时候就知道还有职业棋手这回事，送你去学下棋，说不定你也会成为一个不错的职业棋手。"经父亲一说，我自己也想起了当年的天赋，遂买了几本棋谱，想重温一下儿时的梦想。可是，看棋谱非但没让我找回童年时对象棋的兴奋，反而

取舍

让我产生了严重的挫败感——我的象棋水平与职业棋手之间简直是天壤之别，这种差距比我写文章与莫言之间的差距还要大十万八千里！

讲我自己的经历，目的是要告诉大家：孩子的天性、天赋，失去了就再也找不回来。因此，更要万分珍视。

怎么珍视？既不能拔苗助长，亦不能置之不理，这确实是个难题。中国现在的学校教育是一种普及教育，它是针对绝大多数的普通人而设的，对少数天性极佳、天赋极好的孩子来说并不合适。所以，在呵护孩子的天性、天赋方面，家长理应格外用心。最好的方法当然是像郎朗、丁俊晖那样，家长让孩子接受特殊的教育和训练，使其天性和天赋得到充分发展，成为真正的天才。当然，这需要家长对孩子的天性、天赋有着清晰而准确的判断。

作文培训班管不管用

经常有人问我："我孩子就是不会写作文，你说该怎么办？给他报个作文培训班管不管用？"这样的问题每每让我搜肠刮肚，可最后提供的"方子"仍漏洞百出，无法达到药到病除之效。为此，诸多向我寻求帮助的人肯定大失所望，我也一度为不能给人家孩子提供出一条点石成金的妙招而惭愧无比。但慢慢地，我就释然了，随后更是豁然了。

为啥呢？因为我感到：作文这东西在可教与不可教之间，确实也没有一个通用的"妙招"。它不像家电使用手册，你只要按步骤操作，一切问题就 OK 了；它也不像电脑软件，缺音频你就下载个音频播放器，缺视频你就下载视频播放器，只要下载成功，问题也就迎刃而解了。写作是一种创造性的精神活动，哪有一套现成"软件"可供复制？你就是高价聘请莫言给你家的孩子辅导作文，他也不敢保证你的孩子作文一定非常优秀。

　　写好作文不是一件容易的事。语文老师以及各种作文培训班所能教的，不过是一些写作的"道理"而已。俗话说"懂得那么多道理，还是过不好人生"，为人如此，作文亦如此。你的孩子在语文课、作文班甚至是作家班上听到的"道理"再多、再好，也只能是一种"助缘"而已，至于他最后能否写出好作文，那还真得看他自己的禀赋、悟性、努力程度，甚至还有那么一点点的天意。

　　在儿子接触写作文之前，我从来没跟他讲过"凤头、猪肚、豹尾"之类的写作技法，原因就在于：写作水平的提高必须通过大量的阅读、写作实践才能提高，在缺乏写作实践的情况下，就先给孩子灌输太多的技法及各种理论，那是起不了多大作用的——弄不好还会限制孩子的活跃思维。这是作文不可教的一面，即它不是靠简单的教学培训就能搞定的。

取舍

不过另一方面，作文又是可教的，这体现在：对孩子进行相应的读、写、观察及思维训练，确实有助于孩子写出好作文。这也是各种作文培训班存在的全部理论基础。

两方面的意思都谈完，我觉得可以切入正题了："上作文培训班到底管不管用？"答案是：不可一概而论。若再细说一下大概可分以下几种情况：遇到好的辅导老师就管用，若遇不到好老师就不管用；即便是好老师，他的教法也是对有的人管用，对有的人就不管用；即便老师的教法管用，你的孩子若缺乏足够的读写训练，可能也管不了大用；当然也有最理想的情况，那就是你的孩子遇到了好老师，而好老师的教学思路又恰好激发出了你孩子的巨大写作潜能。这种情况之下，上作文辅导班就极其管用。总之，作文辅导班必须在各种条件都具备、"机缘具足"之时才真管用，若"机缘不足"，你家长再着急都不管用。

有人可能会说：你这么分析下来，还是没有解答问题呀？我还是不知道该不该给孩子报作文培训班呀？我的心里依然很纠结。

回答是：我的这篇文章当然不能替您做决定，但可使您的内心少些纠结；您即便给孩子报了作文培训班，也不宜期望过高，以免失望。孩子作文写得好，是正常的，写不好也是正常的；孩子上了作文培训班，作文水平有提高，是正常的；孩子上了作文培训班，作文依然写不好，也是正常的。一句话，在作文这件事情上，不论孩子的表现是好是坏，您都得全面接受，"不怨天，不尤人"，然后再"尽人事，听天命"。有此心态，不少家长或可不再那么焦虑。

行文至此，我忽然想起禅宗的一段公案。当年禅宗祖师达摩在少林寺面壁，二祖慧可前去拜师。当时下着大雪，达摩在打坐，根本不理慧可。慧可在雪地里面站了很久，大雪都没到膝盖了仍不肯走。

最后，达摩问慧可："汝来何求？"你来找我拜师，目的是什么？

慧可答："吾心不安，乞师与安。"我的内心感到不安，求老师帮助我安心。看看，人家不求当官发财，也不求所谓的"现世安稳"，只求"安心"，这已然不是凡夫境界。

达摩说："将心拿来，我与汝安。"你把心拿过来，我帮助你安心。

慧可沉默良久，答："觅心了不可得。"我寻觅自己的心，根本找不到。

达摩说："吾与汝安心竟。"我已经帮助你安心了。意思是，既然"觅心了不可得"，哪里还有需要什么特别的"安心之法"？证悟了"觅心了不可得"即是安心。

听了达摩此话之后，慧可立马开悟了。日后他继承了达摩的衣钵，成了禅宗二祖。

我知道不少家长为孩子不会写作文而焦虑，有的可能还

177

取舍

为是否送孩子上作文培训班而纠结。我把自己对作文的理解以及作文培训班的作用做一下分析，目的也无非让大家多些平常心而已。

"平常心即是道。"好了，"我与汝安心竟"。

🌧 择校择什么

孩子到了上学的年龄，不少家长就开始为择校而费心。在大多数人看来，一座城市的好学校就有数的几所，大家都争着想进，那就只好各显神通了——有人托人找关系，有人不惜花高价买学区房。择校的手段虽多种多样，可目的很简单，就是想让自己的孩子上一所好学校，享受到好一点的教育。实不相瞒，我的儿子在上学时也面临着择校的问题。在此，我愿意把自己当初"择校"的大体情况及心路历程拿出来与大家分享。

在儿子上小学之前，我们有两处房子，一处在济南市的中心城区，一处在长清大学城，算是郊区吧。两处都建有小学，大学城的这所小学刚建成两年。而市中心是有两所小学可选：按照户口所划片区，儿子可上隔着一条马路的一所学校，离家不足百米的距离，这所小学虽非重点，但也不错；另一所小学离家也很近，是重点，在济南市大名鼎鼎，所在小区的房价都因这所小学的缘故而不断攀升。

如果我动用点关系，"活动活动"，把儿子送进这所名校也可以。这样一来，在儿子上哪所小学的问题上，我们就有了三种选择。

在面临这多种选择时，很多人都会感到困惑，因为选择确实是一个全面考验人智商、情商及各种综合素质的问题。如果总是计算利弊、好坏、得失等功利性问题，那一定不会出现尽善尽美的情况，而且上帝也确实没有赋予人在事前就将日后的所有变数全计算清楚的能力。我的经验是，在面临选择时，我们与其着眼于"选"，不若着手于"放"。肯于大胆地"放下"，复杂的选择也就变得相对简单，而且基于"放下"理念之上的选择大多比较靠谱。

在为儿子择校的问题上，我和妻子也是本着上述理念操作的。经反复考量、斟酌，我们最终放弃了市中心的两所小学，而选择了长清大学城这所新建的小学，且借机将家也搬到了长清大学城。之所以选这所小学，理由如下：这所小学建在长清大学城，远离市区，空气质量较好，对孩子的身体健康最有利；这所小学处于众多高校的环绕之中，大的人文环境比嘈杂的市中心要好许多；很多人会认为新学校会有教学经验不足之弊，我则认为，很多事情都是"其兴也勃焉"——正因为是新校，老师们才更愿意在这张白纸上充分施展自己的才华。此前也有邻居跟我们谈到，这所学校的老师对学生很负责。我觉得有这几条就够了。至

取舍

于孩子上学后学习成绩的好与坏，我认为不能将责任全推给老师。老师怎么教固然重要，但学生如何学则更重要。如果孩子学习不好，那家长应该多从自己和自己孩子的身上找原因，不要太责怪老师。绝大多数老师教学，总是希望把孩子教好。

有朋友听说我没让儿子上市中心那所名校，感觉放弃得非常可惜，说很多人为进这所学校都挤破了头云云。我则不这么看。我也知道，名校之所以有名，一定有其过人之处。可是，当许多人争着抢着要把孩子送进这所学校时，我就不愿意再去争。原因也不是我高尚，而是我对众人蜂拥而上的各类现象都抱有天然的警觉——即便是好事，当人们都一窝蜂地去干的时候，也很容易将其搞坏。这一点，恰如哲人所说："思想的龙种总是在黑压压的人群中一次次地变成跳蚤。"

儿子顺利地在长清大学城的这所小学上学了。上了一个学期之后，我就感觉自己当初的选择很正确。这所学校的校长对各科老师提出的口号是"不让一个孩子掉队"，而且说到做到，发现哪个孩子成绩差了，任课老师就利用大课间的时间给孩子单独补课。期末考试的时候，规定的通过分数是 97 分，而且居然全体通过了。这么高的标准，竟真的"不让一个孩子掉队"！家长们对此都纷纷赞叹。济南市教育局对全市学校进行民意测评，这所小学名列第二。

通过为儿子"择校"，我有如下体会：其一，放下从众心理。不要盲目跟风，而要根据自己的实际情况，冷静、理性地对待"择校"问题。其二，放下攀比心理。不一定非得选择名校，普通的学校一样可以取得骄人的教学成果。其三，守住平常心。自己是个普通人，自己的孩子是普通人家的孩子，上一所普通的学校不也很正常吗？明明是普通人，却非要动用各种资源以享受"特权"，这是不是有点难为自己？"平常心就是道"，守住一颗平常心，您的选择一般就不会错；若失去了平常心，选择出错的几率就会大大增加。

取舍

本章小贴士

1. 有些家长为了让孩子多才多艺，就疯狂给孩子报培训班，让孩子"八面出击"，搞得自己和孩子都身心俱疲。这种做法也非常不好。

2. 若以考试分数来论，当然是孩子没短板，各科成绩齐头并进最好——这样的孩子最容易在考试中胜出。可若从长远看，孩子的"长板"可能才是他将来在人生道路上的"核心竞争力"。

3. 一个人也好，一个团队也罢，与其花绝大部分时间、精力来补短板，有时反不如将这些时间和精力用来强化自己的核心竞争力。当你靠着核心竞争力就能安身立命的时候，当初制约过你的那些短板其实也就不算什么短板了。

4. 家长就应该多给孩子以积极的暗示和期许，帮助孩子树立自信心，而不要老指责孩子，呵斥孩子。

5. 家长和教师之间，最重要的是将心比心，以平常心对待，不可期许太高，亦不必送礼"意思意思"。苛责和收买，其实都很没意思。

第七章

借鉴

　　学习本身是一件充满惊喜的智力活动，无论是次次考高分的学霸，还是在某一领域做出相当贡献的专家学者，他们在学习的过程中肯定都体验过苦思冥想之后豁然开朗的惊喜时刻。在学习中体悟到快乐，从而更快乐地去学习。果然如此，孩子的学习生活也就步入了良性轨道，家长当然求之不得。问题的关键是，当孩子还没有开窍的时候，你也要坚持得住，要对孩子的智力发育有一个坚定而宽松的信心。

"巴甫里克"的启示

苏霍姆林斯基是苏联的著名教育家，他在《给教师的建议》一书中讲过一个"差生"的成长经历，这个叫巴甫里克的孩子的"思维觉醒"过程实在值得我们深思。

刚入学的时候，巴甫里克是一个活泼、好动的孩子，可很快他就变得沉默寡言，原因就是他成了公认的"差生"。一年级的同学很容易把单个字母拼成音节朗读出来，可他却要费很大的劲儿才能把这个字母跟另一个字母分辨开来；同学们连续听两三遍就能记住的短诗，女教师连续为他单独读上十来遍，他还是记不住。女教师给巴甫里克的鉴定是"思维迟钝的儿童"。

认定巴甫里克是"差生"之后，女教师竭尽全力要把他"拉到"及格线的分数上。"巴甫里克为此吃尽了苦头。他几乎没有时间去参加课外活动。只要他跟同学们玩耍那么个把小时，女教师就认为他偷懒，不肯用功。"苏霍姆林斯基在书中如是写道。结果，到了四年级，巴甫里克依然没有摘掉"差生"的帽子。

不过，五年级的时候，植物课引起了巴甫里克的浓厚兴趣。植物老师不仅要求学生像平常那样"掌握教材"，而且还让学生动手做试验。直到这个时候，老师们才发现，巴甫里克原来也是个聪明好学的学生，他的智慧"表现在

借鉴

手指尖上"。

有一次植物课，巴甫里克从一棵珍贵的苹果树上剪下一根带有两个幼芽的树枝，仔细观察起来。

"你在看什么？"植物老师问。

"能不能不经过嫁接就培育出树苗呢？"巴甫里克反问，"譬如说，能不能剪下一根树枝，把它栽进土里，照料它，使它成活呢？"

老师感到很诧异。他感到巴甫里克提出的问题已经思考过，甚至已经尝试过了，口气不容置疑。

植物老师回答："可以的，但非常困难，只有经验丰富的园艺家才能做得到。"

"我可以试一试吗？"巴甫里克问。在得到肯定回答后，巴甫里克开始在自己搭建的暖房里进行试验。试验的过程，巴甫里克非常用心，细节在此不表。试验的结果是有一半的树苗成活了，这个成绩已经不错了，但更大的惊喜还在后面。

巴甫里克跟老师说："那些成活的树枝，是我从树顶上剪下来的，而这些死掉的树枝，是从树的中部和下部剪下来的。看来，应当从树的顶部剪取树枝，那样可以多培育出一些树苗。"

巴甫里克的话让植物老师激动异常。老师认为他是一个真正的试验者，"未来的学者""天才的园艺家"。

自此以后，巴甫里克的身上发生了极大的转变，他开始带着强烈的求知欲听课，对教材的理解也越来越深刻，提出的问题也越来越多。巴甫里克摘掉了"差生"的帽子，很快成了全校闻名的"植物栽培专家"。

若干年后，巴甫里克进了农业学院，在果树嫁接方面取得了不少成就，成了名副其实的植物栽培专家。

巴甫里克的故事耐人寻味，也值得一些老师和家长反思，即我们到底该如何看待"差生"？当孩子已然"输在了起跑线上"的时候，家长和老师到底该采取怎样的帮助才算正确、有效？尤其是，当用了很多常规办法都不奏效的时候，我们与其责备、呵斥孩子，不如反思一下自己：在学习上，有人"开窍"早，有人"开窍"晚，我们有没有真的尊重这个规律？我们有没有足够的耐心等待孩子的"思维觉醒"？我们一味地逼孩子拿到一个体面的考试成绩，这究竟是在尊重孩子的个性还是在摧毁、抹杀孩子的个性？……

人是多种多样的，人的成长道路更是千差万别，有的人属于少年早慧型，有的人属于大器晚成型。这只是时间上的差异，时间之外，每个人擅长的领域也各不相同。霍金坐在轮椅上就能向世人解释出浩瀚宇宙的运行原理，可你若让他像姚明那样去打篮球，那肯定不行；马云经商能赚大钱，可你若让他去做男模走秀，那他还能走得如此"任性"吗？成人如此，孩子也一样。好的教育是要千方百计地帮

借鉴

助孩子"发现自己""成就自己",而不是让众多的孩子都"整齐划一",成为考试流水线上的"合格产品"。因此,若家长固执地认定"不能让孩子输在起跑线上",或者老师粗暴地讲"分数面前,人人平等",搞"唯分数论",那显然是违背教育核心价值的。

一切违背教育核心理念的想法和做法都该被摒弃,不论打着多么动听的幌子。

🌥 卢梭《爱弥儿》的启示

谈起卢梭,中国人的第一印象就是著名的启蒙思想家,想到的著作可能就是《社会契约论》。其实,卢梭在成为启蒙思想家之前,是靠着一本探讨教育的书《爱弥儿》走红的。这本书红到什么程度?据说,当年法国的贵妇人几乎人手一本,且照着卢梭提倡的教育理念和方法教孩子。卢梭在这本书中最先提出了母乳喂养的理论,法国贵妇人居然也照办了;卢梭还说,小孩在成长的过程中,除了学习文化知识,还应学习一门有用的手艺,这一条也被接受,路易十六就是受卢梭这一教育理念的影响而学会了修锁的手艺。

我提及卢梭的《爱弥儿》,当然不是号召大家都去学习修锁(何况会修锁的路易十六最后还上了断头台),而是觉得这种理念对矫正我们今天教育的缺憾有借鉴价值。我们今天的教育确实缺少这么一块,孩子从小学上到大学,他们除了学习课本知识,除了练就应对考试的各种本事,他们中间有几人真的有一技之长并可赖此谋生? 大学毕业生挤破头去考公务员,争着抢着去当公司白领,或者去找其他"坐办公室"的工作,这固然有找"铁饭碗"、谋好待遇的现实考量,可反过来想:他们不去找这些工作又能找什么呢? 他们有可以谋生的一技之长吗? 当然不能说没有,但有这本事的学生毕竟人数太少。

我有一个堂叔,年轻时学过三年木匠,手艺不错。最近这几年他从农村进城打工,靠木匠的手艺在建筑工地干活,一天就能挣一千多块钱。我听了之后很高兴,也很感慨。我们的学校教育教孩子学习很多知识,教得很辛苦,孩子们也辛辛苦苦学了十几年,可到最后,居然没学会一项可以借此安身立命的拿手本领,这是不是有点悲剧?

明白了这个理儿之后,我也想让儿子学会一门有用的手艺,以矫正学校教育的不足。可是,学什么呢? 堂叔远在老家,隔着两千多里,不可能过来教儿子学木匠,况且,儿子年龄太小,还没有足够的力气干木匠活。我自己会修自行车,可随着轿车普遍进家庭,修自行车的手艺显然属于"夕阳行业"了,所以我也不打算教儿子这个。思来想去,发现在现代都市中,适合小孩子学的手艺还真不多。

借鉴

各种特长班教的也多是琴棋书画、吹拉弹唱等偏重艺术性、娱乐性的才艺。你若要想真学做一个木匠、石匠、漆匠之类的，还真的很难报上相应的辅导班。这也愈发让我感慨：人们的观念是真的变了，中国再也不像当年的法国贵妇人那样听信卢梭的话了，卢梭倡导的学手艺的教育理念，在中国几乎注定遭遇滑铁卢。

虽然如此，但我依然觉得卢梭的理论有可取之处。原因很简单，小孩子学一门手艺，不但有助于训练心灵手巧，还可使其对劳动有极其具体的体会和感受。更关键的是，一旦学会了某项手艺，这个人就会有一技在身的喜悦和自信。他依然可以去考公务员，依然可以去做公司白领，但如果考不上公务员，或谋不到公司白领的位子，他也不会抓狂——还可靠自己学会的手艺生存。或者，他哪天在职场、官场上干烦了，也会多一条退路——退下来经营一间小小的手工作坊，也可自得其乐。试想一下，如果路易十六当年果断辞职，放着皇帝不当就开个锁铺或修锁店，那他一定可以免上断头台，说不定还生意甚火。

我把上述想法跟几位朋友说了，其中一位朋友恰好学过手工装裱字画。她也很有感慨，说自己都学会了，后来没开装裱店，就又放下了。我就说，别放弃，继续干，到时候还可以收徒弟，我就让儿子跟你学装裱。她一听又来了信心，然后谋划着如何搞一个大的桌案，如何运作云云。

这次谈话让我豁然开朗，手工装裱就是一门不错的手艺嘛。等这位朋友重操旧业了，我就让儿子去学这门手艺。

🌧 开窍有早晚

儿子有个表哥，今年上初中一年级，小名阿巨。阿巨长得又高又帅，才13岁，身高就已到了1.79米。可是，阿巨的学习成绩在整个小学阶段平平常常，跟他的颜值和身高一点都不匹配。他没有特别拿手的才艺，也没有特别傲人的考分。为此，阿巨的父母、爷爷奶奶也没少操心。

奇迹在初中一年级时出现了。就在前些天，初中第一个寒假考试结束了。阿巨的学习成绩突飞猛进，数学和英语考得尤其好，英文满分150分，他居然考了145分。他的好成绩是怎么得来的呢？是刻苦努力吗？当然是，但不全是，阿巨自己的说法是"感觉突然开窍了"。他原本英语一直不太好，为此还特意报了个英语辅导班。等"开窍"之后，英语居然能考得这么好。

学习就是这么奇妙的一件事，有人少年早慧，有人大器晚成，有人开窍早，有人开窍晚。这倒像极了花期，花的品种不同，开花就早晚有异，花香亦各有各的妙处。

我记得苏联著名的教育家苏霍姆林斯基也讲过两个类似的例子。其中一个人名叫别特里克，这个孩子在很长一段

191

借鉴

时间内不会做数学应用题，别的孩子都能理解的题意，他硬是不懂，任老师怎么讲都不懂，这种情况一直持续到小学三年级。三年的时间，足以让很多老师感觉这个孩子比较迟钝，"不是学习的料儿"。可是，苏霍姆林斯基没放弃这个孩子（大教育家都很有耐心）。在课堂数学应用题听不懂，苏霍姆林斯基就带着别特里克去大自然中讲，让他实地观察联合收割机的谷箱需要几分钟才能充满谷物，运输一趟需要多少时间，然后据此测算收割运输一大批谷物需要多少辆联合收割机。

有一天，别特里克终于"开窍"了。苏霍姆林斯基写道："这孩子的眼睛闪闪发亮，他开始解释应用题里所说的究竟是怎么一回事……我看得出来，以前像被迷雾遮住一样的东西，终于在这孩子的眼前变得清晰起来了。别特里克非常高兴。我也轻松地舒了一口气：这一天终于等到了。"

我读苏霍姆林斯基的教育学书籍，对别特里克的案例印象深刻。学习本身是一件充满惊喜的智力活动，无论是次次考高分的学霸，还是在某一领域做出相当贡献的专家学者，他们在学习的过程中肯定都体验过苦思冥想之后豁然开朗的惊喜时刻。在学习中体悟到快乐，从而更快乐地去学习。果然如此，孩子的学习生活也就步入了良性轨道，家长当然求之不得。问题的关键是，当孩子还没有开窍的时候，你也要坚持得住，要对孩子的智力发育有一个坚定的信心。一个孩子也许在一年、两年、三年乃至整个小学阶段学习成绩都不太行，但终有一天他是能行的。我觉得，只要不是先天智力残疾，孩子与孩子之间的智力差别往往就不是聪明和迟钝的差别，而是开窍早晚的差别。

"四块糖"的隐喻

著名教育家陶行知先生在当小学校长时曾用"四块糖"教育过一名学生。这个学生用泥块打了班上的同学，陶行知发现后制止了他，并让这名同学放学后到校长室去。放学后，陶行知来到校长室，这个男生早已等着挨训了。

陶行知笑着掏出一颗糖送给他，说："这是奖给你的，因为你按时来到这里，而我却迟到了。"

男生惊疑地接过糖果。随后陶行知又掏出第二颗糖果放到他的手里，说："这是奖励你的，因为我不让你打人时，你立即住手了，这说明你很尊重我，我应该奖你。"

男生更惊疑了。这时陶行知又掏出第三颗糖果塞到男生手里，说："我调查过了，你用泥块砸那些男生，是因为他们欺负女生；你砸他们说明你很正直善良，且有跟坏人做斗争的勇气，应该奖励你啊！"

男生感动极了，他流着眼泪后悔地喊道："陶校长，我错了，我砸的不是坏人，而是同学……"

193

陶行知满意地笑了,他随即掏出第四颗糖果递过来,说:"为你正确地认识自己的错误,我再奖给你一块糖果,我没有多的糖果了,我们的谈话也可以结束了。"

"四块糖"值不了几个钱,但运用得当竟能成为一个经典的教育案例。在我看来,陶行知先生的这"四块糖"带有很深的隐喻色彩,堪称教育的法宝,这个法宝我们姑且称之为"隐恶扬善"法。

为什么要"隐恶扬善"呢?道理很简单,既然教育的目的是为了让孩子更好地成长,那么教育者就应该在这个过程中尽可能地使用"好的"手段,而不可一味地依赖"严刑峻法",把孩子管死、罚怕。儒家讲"人之初,性本善","人人皆可成尧舜",其核心意思就在告诉我们,任何人都有向善、学好的机会,教育的最大功德不在教会别人多少具体的知识,而在于是否能激活受教者心中向善、学好的种子,让他们升起追慕前贤的改过之心与进取之心。孔子说:"道之以政,齐之以刑,民免而无耻。道之以德,齐之以礼,有耻且格。"意思是,一个国家若只知道用政令治理百姓,用刑罚来惩戒百姓,那么百姓只能免于犯罪,而不会有廉耻之心;若善于用道德来教化他们,用礼教来影响他们,百姓就会不但有廉耻之心,而且还能对当政者心悦诚服。政府管理百姓要"道之以德,齐之以礼",老师和家长教育孩子更应如此。一个男生本来是犯了打同学的错,但陶行知善于从这个犯错的学生身上发现他"守时"的优点，进而隐恶扬善，变批评为奖励，让学生主动生起惭愧心，效果极佳。这就是"隐恶扬善"的神奇之处——你以"扬善"的方式诱导孩子去反省自己的过错，效果比你疾言厉色地批评他要好一百倍。

我接送孩子的时候经常发现有些家长爱聚在一起聊孩子，聊的时候非常不注意"隐恶扬善"，甚至互相抱怨孩子的种种毛病，即便孩子就在跟前也毫不避讳。这样的做法其实不太好。每个人都希望自己被这个世界温柔地对待，每个人都希望获得他人的尊重，孩子同样不例外。做家长的为什么就不能照顾一下自己孩子的面子呢？

隐恶扬善是一种美德，很多人对同事、朋友都能做到这一点，可就忽视了将这种美德"移植"到自家孩子的身上，这不能不说是一大疏忽。我们能对他人隐恶扬善，这代表着我们对他人的一种尊重。家长对孩子隐恶扬善也是如此，它代表着家长对孩子的一种尊重。家长能给孩子一份尊重，这本身就是对孩子的一种很好的教育——它相当于陶行知先生给那个犯错男生的四块糖。

借鉴

教子可借鉴"菩萨五明"

佛经里面有很多智慧,涉及教育和学习方面,佛教有"菩萨五明"之说,即一个人若想修成菩萨,就需要修学"五明"——在五个大的方向上进行学习。这"五明"分别是声明、工巧明、医方明、因明、内明。我觉得,这"五明"不但对"菩萨"适用,家长教子亦可借鉴。不信,且听我分别说之。

"声明"主要是指有关语言方面的学问,包括语言表达能力和写作能力等(佛教中要求僧人拥有这种能力,是为了更好地传播佛法)。家长有意识地培养孩子的语言表达能力也很重要。语言是思维的物质外壳,一个拥有良好语言表达能力和写作能力的人,往往也是一个头脑清晰、思维缜密、情感细腻的人。在现代社会,家长培养孩子的"声明",不能仅仅满足于让孩子会说话,还应包括让孩子学点外语,这样有利于他日后的"国际化交流"。此外,我觉得中国孩子还应学好文言文。中国传统文化的经典著作都是用文言文写的,如果文言文不过关,那就无法直接与古代先贤对话。

"工巧明"的内容涵盖极广,凡是古代工匠的职业技能几乎都在工巧明的范畴之内。要一个人学会这么多的技能显然是不可能的,可选择一两门学一学还是可以的。法国的启蒙思想家卢梭也主张小孩在学习文化知识的同时还要学一门手艺。为什么学手艺这么重要？其一，手艺能提高一个人的谋生本领；其二，手艺有助于让孩子变得心灵手巧；其三，手艺兼顾体力劳动和脑力劳动，对人的潜能的全面开发非常有利。当下的学校教育偏重于让学生动脑，而拙于让学生动手，这容易让孩子养成眼高手低乃至好逸恶劳的毛病。如果能学学手艺，练练手眼配合，心到，眼到，手到，这对矫正体制教育的弊端很有帮助。前两天，妻子拿本养生书给儿子看，让儿子照着书上标示的穴位给她按摩，儿子干得还挺有兴趣。我突发奇想，可让儿子学学按摩嘛。就让他先拿自己的老爸、老妈练练手，等他有了一些基础，可再请名师指点。

"医方明"是指医学养生。这一点事关健康，与每个人息息相关。即便一个人不想当医生，懂得一些医学知识、学会养生也是非常有好处的。我儿子很小的时候就跟着姥姥、姥爷一块看养生节目，学了不少养生知识，这让他活得很"小心"，只要说吃什么东西对健康不利，他就不吃。加上我们也有意控制，所以他不吃烧烤不喝碳酸饮料，也不大鱼大肉地山吃海喝。"管住嘴，迈开腿"，身体健康也就有了基本保证，儿子没有成为"胖墩"，也没长成"豆芽菜"，体质也不错。

"因明"指的是逻辑学。这一点对小孩来说有点高深，但通过培养孩子良好的阅读习惯，亦可潜移默化地进行训

借鉴

练。儿子刚会说话的时候，妻子就每天都给他读书听；等四岁左右我就领着他背古文了；到识字量够了的时候，他就自己看书。比如，最近他对军事非常感兴趣，除了看军事节目《沙场》，他还在网上搜索二战时期各国的战舰、坦克、火炮的相关资料。偶尔跟他聊起军事，他会讲得眉飞色舞。从火炮口径到各国战舰的优缺点，再到具体战役是如何打的，他都能说得比较清楚。他说得不混乱，就证明他的逻辑能力还不错。

最后是"内明"，指的是对佛经的深入学习和透彻领悟。读佛经是僧人的本分，一般孩子的本分就是好好学习。孩子在学校的学习由老师主要负责，家长只要配合老师，督促孩子很好地完成家庭作业，保证孩子的学习成绩不掉队即可（至于考试分数，倒不一定要次次高分）。

佛经中所讲的"菩萨五明"，是培养"菩萨"的标准，往深处说那当然有其"不可思议"之处，就浅处讲，它也可做世俗教育之借鉴。一个人，要通过不断学习充分激活自己的生命潜能，可参考"菩萨五明"；身为家长，要在教子问题上获得明确的方向性启示，亦不妨参考"菩萨五明"。

🌧 "三合一"家长

中国古人讲"天、地、君、亲、师"，这是五类最值得尊重的对象。天地代表着宇宙，是一切生命的本源，君代表着领导者，亲是指亲人，师指的老师。古代讲究"天人合一"，可个人没办法做成天做成地，那怎么办呢？那就要求你做一个顶天立地的人。什么样的人才算是顶天立地的人？要上福布斯富豪榜吗？要官至正部级吗？不是的。顶天立地的标准是："作之君，作之亲，作之师。"也就是要求我们每个人都要很好地完成三种角色：做个好领导，做个好亲人，做个好老师。

三种角色怎么做？这句话里其实也暗含了答案：你要做好任何一个角色都要兼顾另外两个。比如，你是个国家领导，你要干好这个工作，除了做决策之外，你还必须对人民百姓怀有亲人般的感情，要爱护百姓、体恤百姓；你还要以身作则，做个好榜样，以便让大家都跟着你学。同样的道理，如果你是一位母亲，你要想做一个超级棒的妈妈，那你也要兼顾"君"和"师"的角色，你要能引领孩子，做他的"君"；你还要教育他，做他的"师"。如此，你这个"亲"才是一个优秀的"亲"；"师"也一样，一个人要做好老师，除了能在学识上教育孩子，还要喜欢孩子、爱护孩子，要与孩子有良好的情感互动，这部分是"亲"的内容；此外，还得善于管理课堂、管理班级，当好"孩子王"，这部分就是"君"的内容。

这个道理提供了我们反思工作、寻找差距的一个很好的

借鉴

视角。我们很容易发现，一些单位的领导之所以做得不好，不受大家的拥护，往往不是因为他不会发号施令，没有权威，而恰恰是因为他太拿自己当领导了，以至于忽略了"亲"和"师"的内容。领导不亲民，不以身作则，这种情况下，你越是要威风、摆架子，大家就越是烦你。这叫"功夫在诗外"，想做个好领导，就得在"亲"和"师"两个方面下些功夫。

那么，孩子的家长呢？你是孩子的父亲或母亲，已经是"亲"了。为了完成好"亲"的使命，你也得注意"君"和"师"两个方面的修为。"君"要求你能很好地管理孩子，能做他的引领者；"师"要求你是一个好的教育工作者。换句话说，好家长对孩子来说一定是"三合一"的人：他既是孩子的亲人，同时也是孩子的管理者、引领者和教育者。

尹建莉老师有一本书就叫《好妈妈胜过好老师》，这个书名不是要否定老师的重要性，而是在强调家长的重要性。如果非要问什么样的家长才能胜过好老师？那么我的回答是：这种"三合一"的家长才能胜过好老师。反过来，若一个家长都没想到过要做孩子的管理者、引领者和教育者，只是想：反正我生了你，我就是你老妈（爸），你就得听我的，顺我的心。那么，我敢断言，这样的父母已经远远落后于时代了，他们只想做"亲"，可结果是连"亲"都做得不够格。因为优秀的"亲"本身就要涵盖"君"和"师"

的内容，你一点"君"和"师"的功能和气场都没有，又如何算得上是品质上好的"亲"呢？

亲，我的这番话，您听明白了吧？

您可能也会说：亲，照你这么说，要做个好家长，那也太难了。那是不是还得报班学管理学和教育学呀？

我的回答是：亲，恭喜您，答对了。管理学和教育学未必一定要报班学，但涉猎一些相关书籍肯定是大有裨益的。如果您只有一个孩子，管理上的任务还稍轻一些，若打算生二胎或者已经生了二胎，那您管理孩子的任务就不轻松，读一点管理学方面的书不会学无所有；教育学方面的书更是如此，您读一读一定会受益匪浅。

做好家长是一项事业，既然是一项事业，就值得我们用心对待。最关键的是，我们努力做"三合一"版本的家长，不仅对下一代的健康成长有利，而且我们自己也会不断进步。

是种夹竹桃，还是种松柏？

著名历史学家钱穆先生讲过他青年时的一个经历：他经过一个道观，看见一位老道士正在清理庭院中一棵枯死的古柏。钱穆好奇，问："这古柏虽然枯死了，但姿势还矫健，为什么要挖掉呀？"道士答："要在此处补种别的树。"

201

借鉴

钱穆问："补种什么树？"道士答："夹竹桃。"钱穆感到诧异，问："怎么不继续种松树柏树？"道士答："松柏要长大得多少年呀，我看不到了。夹竹桃明年就开花，我还看得到。"

钱穆先生通过此事就预言这家道观的前景不妙。他说，"士不可不弘毅，任重而道远。"道观寺院焉有种夹竹桃之理？做事只想眼前，不顾长久，这是急功近利的心态。抱此心态，怎能成就大事？又怎能使法脉绵长？钱穆先生以此事教导自己的学生，做学问要立大志，要有长远眼光，不可急功近利，"不要只种桃种李种春风，还要种松种柏种永恒。"

钱穆先生对弟子的教诲发人深思。现在的社会，人心浮躁，"夹竹桃思维"随处可见，体现在教育上，不少做家长的也有目光短浅、急功近利的毛病。其实，"十年树木，百年树人"，教育本身就是一项长远的事业，在这个问题上应尽量矫正"夹竹桃思维"。

对孩子的教育相当于给孩子的心灵种下了种子。家长的心态是健康的还是扭曲的，教育的立足点是考虑长远还是只顾眼前，教育的思路是一以贯之还是一时兴起、随波逐流，这些都是不同的教育种子。种下的种子不同，收获的效果自然就不一样，正所谓"种善因得善果，种恶因遭恶报"。你种的是夹竹桃，那你就别想着收获松柏；如果你种的是松柏，那你就要有足够的耐心，等待松柏长成参天大树。在这个过程中，你也别羡慕夹竹桃明年就开花。

道理说完了，不妨举例说明。我亲眼看到一批学生参加一期国学夏令营，共21天，所学课程有经典诵读、书法、基本礼仪、传统武术等。夏令营结束的时候有个汇报表演，让孩子展示一下自己21天里所学到的本领。结果，几乎所有的孩子都学会了基本的礼仪动作，一套简单的拳法也能打下来，可是等展示毛笔书法时，成果就没这么显著，几乎没一个孩子能写得像模像样。是教书法的老师不用心吗？绝对不是。是孩子上书法课没好好学吗？也不是。原因很简单，相比于礼仪动作和拳法套路而言，毛笔书法就像松柏，松柏不是夹竹桃，它不可能那么快就"见效"。换言之，孩子们可以在21天内学会基本的礼仪动作和一组拳法套路，但他们无法在这么短的时间内学会用毛笔写字——用毛笔写字显然比前两者更难。这就像松柏长成参天大树要比夹竹桃开花需要更长的时间是一个道理。

上面说的还只是教育活动中的一件小事，更重要的是家长的教育心态——你到底要往孩子的心里种怎样的种子，是夹竹桃还是松柏？

很多家长可能会说：当然是松柏了，谁不希望自己的孩子将来长成参天大树，成为社会栋梁？那好，既然都希望孩子将来长成参天大树，那么家长就请将心态放平和、目

203

借鉴

光放长远，别那么计较一时一地之得失。

若问：此话怎讲？好说，请不要为孩子某次考试不够好就着急上火，请把关注的目光从考分转向孩子的学习状态，要用心培养孩子的学习兴趣。在这个问题上，考分是夹竹桃，学习兴趣是松柏；请不要抱着攀比的心态让孩子去学习各种才艺，让孩子学才艺，心思不要放在考级、高考加分等功利性的目标之上。孩子多才多艺，他的艺术细胞和审美眼光会让他的人生更幸福、更丰盈。有艺术相伴，他的漫漫人生才不至于太寂寞。抱着考级、加分等功利性目标学才艺，你就是在种夹竹桃，若抱着此等健康心态学才艺，就是在种松柏。凡此种种可以举出很多很多，"你懂的"，我就不多说了。

孩子在成长的过程中肯定要好好学习，家长也肯定应该好好教孩子。可是，以什么心态去教、怎么教，效果大不一样；孩子是积极主动的学还是被逼无奈的学，其差距更不可以同日而语。

家长当然都是爱孩子的，都希望孩子好。正因为爱孩子，所以我们更要心态平和；正因为爱孩子，所以我们才不能急功近利，不能只被考分、升学这类眼前利害牵着鼻子走，而要想得更长远、更全面。正因为爱孩子，所以我们不能只在孩子的心里种"夹竹桃"，更要种"松柏"。

"一门深入"胜过泛泛而学

古人讲："授人以鱼，不如授人以渔。"意思是说，你送给别人几条鱼，不如教会他捕鱼的技能。教育也是如此，与其注重教会了孩子什么知识，不如设法激发出孩子学习的兴趣，教会他自主学习的能力。

那么，怎样才能激发出孩子的学习兴趣，并使其获得自主学习的能力呢？我认为，在教育的过程中贯彻"一门深入"的原则非常重要。

为什么要"一门深入"呢？首先一点，不论是孩子还是家长，时间和精力都是有限的，同时学很多东西，往往照顾不过来。与其四面出击，打消耗战，不如集中优势兵力，打歼灭战。根据我的观察，四五岁的孩子，保持精力集中的状态也就半个小时左右，六七岁的孩子经过训练后大概能集中精力到一个小时。因此，想让孩子把绝大多数的业余时间都用来学习各种知识和才艺，几乎是不可能的，实际上也是没必要的。如果家长同时让孩子学习多种才艺，那就会使孩子处于疲于奔命的状态——周末的时候，孩子上完这个特长班就得转战下一个特长班。在那么长的时间里，你让孩子一直保持聚精会神的状态，孩子根本做不到。孩子不能长时间地保持精力集中，但又必须上各种特长班，他就势必"身在曹营心在汉"。学习时精力不集中，学习

借鉴

效果就必然大打折扣。更重要的是，一旦孩子习惯于被动学习，就很难转入到自主学习。

孔子讲："知之者不如好之者，好之者不如乐之者。"教育的最佳状态就是激发出孩子的学习兴趣，让他爱上学习，欲罢不能。孩子怎样才能爱上学习？必须让他体会到学习本身的乐趣。那又如何让孩子体会到学习本身的乐趣呢？"深入"就显得尤为重要。体会学习的乐趣是有门槛的，那就是要学到一定的深度才行。学任何东西，浅尝辄止都体会不到其中的乐趣。就像打井，不挖到出水，就是半途而废。半途而废带给人的只有疲惫，没有收获和快乐。那学习的快乐如何获得呢？必须靠长时间的坚持，时间上的长度可以转化成学问上的深度，学问上的深度则可给人带来精神上的高度享受。学习的快乐由此产生。

明乎此，就知道"一门深入"的重要性了。因为只学一门，孩子和家长都不用分心，精力就容易集中。只有一门，学起来也不用疲于奔命，每天抽出半个小时到一个小时的时间坚持即可。这样，只要能长时坚持，孩子一定会在某一时刻突然"开窍"，对所学的东西产生浓厚的兴趣。达到这样的效果，家教已经成功大半了，剩下的，就是让孩子在日后的学习中慢慢地理解、体悟了。等孩子在这一门上能自主学习了，大人在这一门上的教育也就基本可宣告结束了。

我教儿子背传统经典，遵循的就是"一门深入"的原则。一开始，我们就跟儿子谈好，你在课余时间只需要跟着爸爸诵读传统经典，其他的才艺班一概不用上。也就是说，儿子每天只需要集中精力学习半个小时左右传统经典即可，其余的业余时间都归他自己自由支配。如此，家长和孩子都觉得此事不算难，于是我们就坚持下来了。四年多的时间里，儿子就已经背下了八九万字的古文经典。经过这种训练，他的记忆力被开发出来了，背东西的速度越来越快；他对文言文的规律和语感也有了基本的认知和体悟，识字量也大大增加。更重要的是，他体会到了学习的乐趣，没事的时候，自己也能安静地读书。他能自己读书学习，我当然很欣慰。"教"的目的就是为了日后"不教"，孩子学会自主学习之日，即是家长可以轻松放手之时。

　　每一门都学到足够的深度，学完一门再学下一门，这样的方法，我觉得比同时学很多门、每一门都学得浮光掠影、浅尝辄止要好得多。因为"一门"可让精力更集中，而"深入"可让人充分体悟到学习的乐趣。

207

借鉴

本章小贴士

1. 隐恶扬善是一种美德，很多人对同事、朋友都能做到这一点，可就忽视了将这种美德"移植"到自家孩子的身上，这不能不说是一大疏忽。

2. 不要为孩子某次考试不够好就着急上火，而要把关注的目光从考分转向孩子的学习状态，用心培养孩子的学习兴趣。

3. 时间上的长度可以转化成学问上的深度，学问上的深度则可给人带来精神上的高度享受。学习的快乐由此产生。

4. 不能只被考分、升学这类眼前利害牵着鼻子走，而要想得更长远、更全面。

5. 好家长对孩子来说一定是"三合一"的人：他既是孩子的亲人，同时也是孩子的管理者、引领者和教育者。

第八章

自省

　　焦虑是万错之源，尤其是在家长教育孩子这件事上。人一焦虑，情绪就容易失去控制，情绪一失控，就没了理智。这个时候，思维短路了，行为冲动却强烈了。冲动是魔鬼，冲动之下做出的选择和行为，多半都是低智商的，甚至是愚蠢的，错误的。

　　给孩子差评太多的父母，往往家长的问题比孩子还要多。喜欢给孩子差评的家长，往往是把自己对生活的不满、对前途的焦虑转嫁到了孩子身上——直接地说，孩子本来没那么差，可在感觉生活很差的家长那里，他们硬是被点了"差评"。那些情绪激烈地控诉孩子的父母，往往不是因为孩子太差，而是因为家长自己太焦虑、太心急，太苛求孩子了。

做奶爸也是一项事业

有一位远方的朋友打电话，问我辞职后的生活状态。我先回答："每天仍然很忙，读书，写作，读佛经，练毛笔字。"

他听到这里，马上说："真是仙风道骨呀！"

我接着说："另外，还得送小孩上学，接小孩放学，教小孩读书，再加上做饭、拖地、洗衣服等。"

他听到这里，又马上说："也是很琐琐碎碎啊。"

我说："是，猛一听仙风道骨，实则亦有很多琐琐碎碎之事。"

这段对话在当时是随机而说，可过后一想，竟别有一番滋味在心头。

我们不得不承认，这位朋友的观点代表了大多数人的看法，他们确实认为照顾小孩、做家务之类的事很琐碎很低级乃至没价值，而写作、练书法之类的则要高雅许多。可在我这个奶爸身上，这些都是我几乎每天要做的"功课"，它们是一体的，不可分的。而且，我真的认为，那些"琐琐碎碎"的奶爸"功课"，也是有价值的，甚至都可以这么说：做个好奶爸（妈），也是一项很高雅的事业！

为什么这么说呢？道理很简单，孩子重要吧？从大处讲，孩子是祖国的花朵，从小处说，孩子也承载着家庭的未来和希望。既然孩子的重要性无可置疑，那负责照顾孩子、

211

自省

教育孩子的全职爸爸、全职奶妈怎么反倒不被认可呢？孩子极其重要，但照顾孩子、教育孩子的家长所做的各种工作却又被视为低级低等的，这岂非咄咄怪事？因此，我觉得全社会都要扭转一个观念，不能看不起全职妈妈、全职爸爸，而应该给他们以足够的理解和尊重。这是问题的一个方面。

问题的另一个方面是，全职妈妈、全职爸爸也要认识到自己肩头工作的重大责任，也不能玩忽职守。不少人认为，既然孩子是自己生的，自己天然就是合格的爸爸、妈妈。这种观点是不对的。能生孩子只能证明你的生育功能没问题，不能一并保证你天然能做个好妈妈、好爸爸。要做一个好妈妈、好爸爸，那也是需要学习的。只有妈妈、爸爸通过学习，道德学问都提高了，你才能随时随地地对孩子成长中遇到的问题予以点拨、引导，施以恰当的教育。如果父母本身就晕乎乎的，不学习，也不明事理，那又拿什么去教育孩子呢？

要想教育好孩子，最可靠的途径就是家长努力"修身"，改掉自己身上的坏毛病。孔子讲："其身正，不令而从；其身不正，虽令不从。"做家长的在不断进步，孩子自然会听你的话，会跟着进步。反过来，家长若想让孩子学好，自己请先给孩子做个好样子。我和妻子以前都是"夜猫子"，晚上十二点多乃至一点多睡觉都是常有的事。儿子出生之后，我们慢慢发现这小子也继承了爸妈的遗传，也是个"夜猫子"。这怎么可以？为了让孩子养成良好的作息规律，我们决心改掉晚睡的坏习惯，现在我们基本在晚上十点半左右就能睡觉，儿子"夜猫子"的习惯也随之改掉，他基本在晚上十点之前就能睡觉，第二天早上七点多就能起床（当然，我们一家在早睡早起这个问题上仍有很大的提升空间）。由此即可看出，孩子受家长的影响其实是非常巨大的。家长饮食清淡，孩子就跟着饮食清淡；家长生活有规律，孩子也跟着生活有规律；家长爱读书爱学习，孩子也会跟着爱读书爱学习……甚至可以说，父母和子女之间，除了医学意义上的相貌特征遗传之外，还存在着社会学意义上的品格习惯遗传。而后者恰恰最需要今天的家长们加以注意。

在古代中国，一些大家族都有家训、家规，在家庭教育方面有一套成熟的范式，这被称为各自的"家风"。可是，近代之后，随着大家族的解体，"家风"亦随之不在。关于家庭教育，只剩下了理论、原则，而缺少可落到实践处的"操作手册"。即便我们重新发掘古人的家训、家规，也必须要对其进行"现代化转化"——因其中不少家规是针对古代生活制定的，并不适合今天的现代社会。西方的各种教育理念、方法，拿到中国来则要进行"本土化转化"，就是说要使之适合中国的具体国情才可。可是说，今天的中国家长在教子方面根本就没有现成的规范可以照搬，而必须要通过不断的学习、摸索，并且以家长自己的以身作则才能很好地引导孩子、教育孩子。这个任务是非常艰巨的，中国古人讲："至乐莫如读书，至要莫若教子。"要承担起这么光荣而艰巨的任务，家长们不努力学习怎么可以？

🌥 父母才是孩子真正的起跑线

有句话前些年很流行，叫"不要让孩子输在起跑线上"。这种观点后来受到了批判，现在不大说了。确实，人生本来就不是赛场，以输赢的观念过早地将孩子推到赛跑中，这本身就暗含了一种输不起的心态。心态不正之后，再火急火燎地给孩子报各种培训班，逼着孩子学才艺，搞得自己很忙，搞得孩子很累，很多情况下都得不偿失。这一点，不少家长已经用他们失败的经历给大家提供教训了。我们也就不需要多说了。

今天要说的是另一个问题：孩子到底有没有起跑线，什么才是孩子真正的起跑线？

我的回答是：孩子是有起跑线的，只不过，这个起跑线不是各种培训班，而是父母本身。父母的综合实力越高，孩子的起跑线就越好。我不是鼓励孩子们拼爹，而是强调父母在孩子成长中的重要性。如果父母真的想给孩子一个好的起跑线，那就要对自己用力，设法使自己变得更优秀。父母优秀，孩子耳濡目染，无形中就会受到好的影响。

为了更好地说明这一点，我们不妨举例说明。陈寅恪是著名的国学大师，集历史学家、古典文学研究家、语言学家、诗人于一身，其才学之渊博为世公认。他的祖父是陈宝箴，曾任湖南巡抚，父亲陈三立是"清末四公子"之一、著名诗人。这样的家学背景就是陈寅恪很好的人生起跑线，使得他的学术眼光和人生志向非普通人可比。陈寅恪青年时曾游学日本、德国、瑞士、法国、美国等多所世界著名的大学，但他没有一张正式的博士文凭。是他学问不精，论文答辩没有通过吗？绝对不是。而是他根本就对博士头衔不感兴趣。他到各国大学游学，完全是为了学真东西。学问到手了，他就立马奔向下一个学术目标，绝不会为了拿博士文凭而多待，哪怕只需再等一两个月的时间。试想，如果不是有这么好的家世，他会有这么高的境界吗？直到今天，不是还有很多人用各种手段买假文凭、骗假文凭吗？有人辛辛苦苦学习、考试，目的就是为了拿一张文凭，然后靠这张文凭到社会上找份工作。可人家陈寅恪为了不耽误做学问的步伐，到手的文凭都可不要。这中间的差距，恐怕也有十万八千里吧？为什么人家能成为举世公认的大学问家，人家的心态和境界就比一般人高出许多许多。

父母都希望自己的孩子有出息，这是没错的。可是，光

自省

有希望就够吗？要成为孩子好的起跑线，父母还要有自由的精神、独立的思考、宽广的胸怀、非凡的见识以及对孩子教育的辛勤付出。

今天的家长也都愿意自己的孩子成为陈寅恪那样的大学者，那么问题来了：你能像陈三立那样支持孩子到哈佛留学却不要哈佛的博士文凭吗？如果孩子跟你说：爸爸、妈妈，我把博士课程都学完了，再有一个多月就可拿博士学位了，但我不想等了，想马上赶到下一所大学去研究另一个学术问题。你们肯为他的决定点赞吗？

你会真心地支持儿子的决定吗？你还是会苦苦相劝："差一个多月博士文凭就到手，怎么说也得等一等呀？孩子，你哪能这么任性呢？以后找工作、评职称都需要文凭，你怎么能说不要就不要了呢？而且还是大名鼎鼎的哈佛博士。你一定要等拿到文凭再离开呀……"

父母的见识和境界在这里就体现出来了。大部分人的父母肯定会选择后者，因为大部分人都是俗人，看不破世俗的名利，更不肯舍弃世俗的名利。他们自己贪恋红尘，贪恋世俗的名利，肯定也会用这样的标准去要求孩子。与之相比，陈寅恪的父母就不是凡俗之辈，人家的精神高度在那里，哈佛博士在人家看来不值得计较。对真正的学者来说，学问第一，头衔在学问面前永远轻如鸿毛。

父母才是孩子真正的起跑线。若想让孩子成为陈寅恪那样的人，那家长不妨先努力向人家陈三立学习——也不用学习写诗，学学人家的境界和见识就行。对于在微信上发照片来说，主要看气质；对于做孩子的父母来说，主要看境界和见识。

🌧 家长的"三观"

"三观不一样，不能搞对象"，这话大家都知道，可对其调侃之中蕴含的道理却未必有深切的体悟。其实，"三观"（世界观、人生观、价值观）的重要性又岂止体现在搞对象这一件事上呢？可以说，人生时时处处都离不开"三观"，没有好的"三观"，就像一台感染了病毒的电脑，随时都可能陷入困窘乃至彻底崩溃的状态。做家长的教育孩子更是如此。

最近这些年，关于亲子教育的书出版了很多，各种教子方法都有成功的案例。有人提倡"男孩穷养，女孩富养"，有人提倡"虎妈式"的严厉教育，有人提倡要陪孩子走到初中，有人则提倡要对孩子敢于放手。应该说，这些方法都没有错。可是，若你照搬照抄，就难免会互相打架——这本书说该这么做，那本书又说该那么做，到底该信谁的？

这种教子方法就像药方，都是针对不同病人开的，有的是补药，有的是泻药，病人不同，药方自然不同。没有一

自省

个药方可以包治百病，当然更不会有一套教子方法放之四海而皆准。还有一种情况，已经公认的好方法，甲家长使用就成功，乙家长使用就收效甚微或者干脆失败。不是方法不好，而是不对症。

最重要的一点，方法之上还有观念。好观念指导之下会找到好方法，好方法反过来也需要用好观念加以统摄。家长"三观"正确，几乎总是能从众多方法中找到适合自己孩子的办法；若家长"三观"扭曲，再好的方法也会在运用中发生"技术变形"，达不到预期的效果，甚至还会适得其反。

我出去做儿童教育讲座，讲座的间隙往往就有家长跟我交流教子体会。他们经常问的几个问题：我也让孩子读诵传统经典，可是小孩学了一阵儿说啥都不学了，又哭又闹，你说遇到这种情况怎么办？我的小孩做作业就是拖沓，边做边玩，一点作业就得做两三个小时，你说该怎么办？我的小孩就不愿意学习英语，你说该怎么办？……对于这些问题，我每次回答的几乎都不一样。为什么呢？因为问的人不一样。家长的气质不一样，学养不一样，职业不一样，亲子关系的亲与疏不一样，所以一样的问题也不可一概而论。而且，我一般也不敢给出一个特别具体的方法，而只是给出一个方向性的建议。这不是我在耍滑头，而是体现一种负责的态度。孩子在成长的过程中会遇到各种各样的问题，遇到具体问题就找具体的解决方法，这看似是一种理所当然的选择，可实际上也是一种费力不讨好的做法。因为不断使用各种方法的结果可能是"摁下葫芦起了瓢"——刚解决了一个问题，另外两三个问题又出现了。长期的疲于应付，会搞得家长和孩子都身心俱疲。身心俱疲之下，难免就会病急乱投医，甚至是吃错了药。痴迷于各种教子方法的"技术派"家长，对此应该有所警惕。

孔子曾说："吾道一以贯之。"教育孩子也一样，家长理应用正确的一以贯之的"三观"将各种教育方法贯通起来，灵活使用，这样才会收到事半功倍的效果。教育的问题，说到底就是两条：观念的纠正与方法的练习。教孩子把错误的观念改正过来，这是最核心的教育；然后再训练孩子掌握好的方法，养成好的生活习惯和学习习惯。现实社会很浮躁，也很功利，受大环境影响，家长们也是找方法的多，关注、反思、矫正"三观"的少。这其实是不应该的。孩子表现出来的很多毛病，看似是具体的问题，实则可能是他头脑中某种错误观念的反映，如果家长能帮助孩子转变观念，问题自会药到病除。

"打铁还需自身硬"，家长要纠正孩子的错误观念，自己首先得"三观"正确。若大人都"三观"尽毁，那又拿什么去纠正孩子的观念呢？孔子说："其身正，不令而从；其身不正，虽令不从。"家长对孩子也是如此。当被孩子

219

自省

的问题折腾得身心俱疲之际，我们与其众里寻他千百度地寻觅各种教子方法，还不如好好地反思、矫正一下自己的"三观"。教子也是一种修行，搞定自己的"三观"，很多问题可能就会随之迎刃而解。

🌧 焦虑是万错之源

儿子在小学读书，老师给家长们建了一个 QQ 群，方便交流。这个群也是一张晴雨表，反映出不少问题。比如，每到期末考试之际，QQ 群里就弥漫着一股焦虑情绪。家长们害怕自家的孩子考试通不过，老师也害怕有太多的学生考砸了拖后腿。

考前模拟测试，若孩子没有通过，就有家长会在群里吐槽。我印象较深的一次是，一位家长听说自己的孩子考试没通过，非常生气，回家就将孩子打了一顿，打完之后上群里与其他家长一交流，发现许多孩子都没过，原来是这次考试的题目太难了，这才感到自己打孩子打错了，后悔不已。

这位家长能在 QQ 群里承认自己的错误，勇气着实可嘉。可是，如果她不是那么看重考分，即便孩子考试不及格也不采用任何惩罚措施，那她又何至于犯这样的错误呢？古人讲"忙中出错"，这是一个非常有智慧的总结。忙乱之中，出错的几率就大大增加。你若想少出错，就要做事有条理，不让自己陷入忙乱之中。对于今人而言，我觉得焦虑是万错之源，尤其是在家长教育孩子这件事上。人一焦虑，情绪就容易失去控制，情绪一失控，就没了理智。这个时候，思维短路了，行为冲动却强烈了。冲动是魔鬼，冲动之下做出的选择和行为，多半都是低智商的，甚至是愚蠢的、错误的。

现在家长们各有自己的一摊工作，本身就比较忙碌，若再比较焦虑，那是很容易在教育孩子的问题上出错的。我感觉，不少家长太在乎孩子的学习成绩了，生怕孩子的分数不及别人，所以就给孩子施加了过大的压力。孩子期末考好了，他们会给予过重的物质奖励；孩子考得不理想，他们则会给予过重的惩罚，有的甚至还打孩子。这些错误的做法都与家长的内心过度焦虑有关。

家长的焦虑会传染给孩子，让他们从小就承受过大的心理压力，害怕考砸了。孩子年龄小，他们的抗压能力原本就不及成人。面临期末考试，他们本来就有一定的心理压力了，此时家长再不断给孩子加压，实在不利于孩子的身心成长。孩子在重压之下想考好又做不到，被逼急了就会想出一些歪招。儿子的班上有一个同学，在今年期末的英语口试中没有通过。结果他在考试现场苦苦向老师求情，说："老师，求求您了，给我及格吧，不然我妈妈就把我打死了。"

自省

他反复哀求，结果老师心里一软，就让他通过了。这个同学当然很高兴，可别的同学却很生气，觉得这太不公平了。我觉得出现这种情况本身就很不正常，若不是家长太在乎分数，对孩子苦苦相逼，孩子怎么会不顾尊严地"出此下策"？老师面对这种情形，若完全铁面无私，会显得没同情心；若动了同情心，则又会损害考试的公正性，实在处于两难的境地。

其实，家长们完全没必要为孩子的考分这么焦虑。不能说考分一点用没有，考分确实也能反映孩子一定阶段的学习成绩，但考分用途绝对是非常有限的。大家想想，社会上那么多成功人士，他们真的就是当年次次考试第一的学霸吗？绝对不是。我就认识不少人，他们在十七八岁面临高考的时候，拼尽全力也考不上一所一本大学，考分只能上一所名不见经传的三流学校。可是，二十年后，他们不但在社会上混得风生水起，就连那些当年根本不可能考上的大学都请他们去做讲座。这说明什么？说明人生的道路远比考场宽阔，人生的奋斗远不止考试一途，人生的成长远远非考分高低所能界定。以此反观，我们又何必为自己孩子的考分而焦虑不安？犯不上嘛。

这个时代确实对人的学习能力提出了比较高的要求，家长也需要培养、训练孩子的学习能力，但学习能力并不能与考分高低直接挂钩。我从儿子刚上小学就与他约定，绝不会因为考试成绩不好而惩罚他，目的就是给孩子吃个定心丸：别怕，考砸了也没事。这样，儿子的心理压力就要小许多。事实证明，考前轻装上阵，更有利于考场上的正常发挥。当然，我在心底里清清楚楚地知道：考分的作用绝没有一般家长想象的那么大，为这点小事焦虑根本不值得。

焦虑是万错之源。家长不焦虑，孩子减压力，这才是家教的王道。不焦虑才能淡定，淡定之后才能冷静；冷静地观察和分析，才能对症下药、因材施教。

最好是好的敌人

一般人都知道坏是好的对立面，这没错，但光知道这点是不够的，尤其在实践层面，我们还要知道：好的敌人不光只有坏，它还有一个不易觉察却杀伤力极大的敌人，名字叫做"最好"。

不妨举例说明：一个美女要想找到个男朋友，然后恋爱、结婚，这本来不是一件难事。可是，如果她一定要找到自己心目中最好的男友，那么她就多半在辛辛苦苦地寻找"最好"男友的路上遗漏掉了"好男友"。原因就在于：现实中男友的种种好，都达不到她心目中"最好"的标准，而她这个"最好"的标准则完全可以是：貌比宋仲基，富若

223

自省

马云，文才若莫言，智商如霍金。这样的"最好"，她如何寻觅得到？

我以前有一美女同事，她人不错，恋爱也谈了不少次，可"过尽千帆皆不是"，始终没把自己嫁掉。父母有点着急，她自己也郁闷。有一次，她向我倾诉这其中的种种不易，好像每一段感情的终结也都是因为对方"太差"或是"不够好"。

我听后就问："那你到底想找一个怎样的人呢？"

她想了想回答："我也没什么要求，就想找一个爱我的人。"

"光说爱太模糊，得具体点。"我说。

"他得像父亲一样疼爱我，像大哥一样呵护我，像情人一样迷恋我，"她回答，"有时，还得像小弟一样顺从我。"

"就是说，你要找一个父亲、兄长、情人、小弟四合一版的男友，以满足你不同层次的情感需求，是不是？"

"是。"

"那当你需要他像大哥而他却表现得像小弟时，你会不会也不满意？"

"会。遇到这种情况我就会想：你怎么这么不了解我？"

她这么一说，我立马就明白了：根本就不是她的各位前男友差，而是她的标准太高。她为了追求"最好"，丢掉了"好"。而她那个所谓的"最好"，可能根本就是不存在。

一个人时时能猜准他人的心思，这在佛学上叫"他心通"，只有修行极高的罗汉和菩萨才具有这样的本事。一般的凡夫俗子，谁能随时随地、精准无误地演好父亲、兄长、情人和小弟四种角色？就是影帝也做不到呀。

打着追求"完美"的旗号，实际上却天天干着破坏"美好"的事，这样的悲剧不仅仅发生在找对象一事上，也发生在别的领域中，比如教子。一位老师给我讲过这么一个真实的事件：他给家长和孩子说，多读课外书很重要，要培养孩子的读书兴趣，还给出了建议。一个孩子很听话，回去之后就每天坚持读书，读得还挺高兴挺有感觉的。可是，孩子的家长还是不满意，就又来找老师，说："我看孩子这么读书还是不行。为啥呢？因为我看某某说过，不动笔墨不读书。我的孩子现在光知道读，不动笔墨。这怎么行？"

这就是教子版的"最好是好的敌人"。这位家长所做的，就是以自己认为"最好"的读书状态去否定、打击孩子现在已经很好的读书状态。"不动笔墨不读书"，这话当然有道理，但哪能绝对呢？尤其是对刚刚开始读书的小学生来说，你一上来就提出这么高的要求，他哪能做得到？如果真能做到"不动笔墨不读书"，那当然是极好极好的。可是，如果用这个高标准、严要求挫伤了孩子的读书兴趣，那岂不因小失大？而且，"动笔墨"是读书读出味道读出想法之后的一种表达和抒发，是读书之后的后续手段，绝

自省

225

非读书的标配，更非读书的限制性动作。

很多家长都希望自己的孩子"好"，这种心理是可以理解的。可是，不少家长往往在心中想象出一种"最好孩子"的标准以及孩子做某事的"最好样子"，然后按照这个样子去要求孩子，试图把孩子引导到这个"最好"的轨道上来。这种行为的结果往往是：为了"最好"，把"好"搞"坏"了。而且，据我测算，失败的几率接近百分之百。

佛经上说"勤修戒定慧，熄灭贪嗔痴"。老想着得到"最好"，这本身就是极大的贪念，就不符合客观规律。贪念会引发嗔恨和愚痴，而绝不会给人带来淡定和智慧；贪念会让人做出错误的行为，错误的行为非但不能带给当事人预想中的"最好"，反而会把生活中原有的美好破坏掉。

诸位家长，请丢掉让孩子成为"最好"的幻想，全盘接纳孩子现在的种种"好"，然后再一步步地走向"更好"。不奢望完美，只要孩子有进步，就已经非常好了。这样的想法才叫"没有最好，只有更好"。

教育要能矫正时代的缺憾

陈丹青对他的老师木心先生评价甚高，说"在自己的身上克服这个时代"。木心为何能走过那个严酷的时代而不被同化？我觉得一个重要的原因就是木心是一个非常热爱学习的人，他通过不断学习提升着自己的艺术品味和人生境界，拉开了自己与那个荒诞时代的精神距离。那个时代是粗鄙的，而木心的精神世界依然高贵，那个时代是恶俗的，而木心的艺术追求依然精致而优雅。这当然是非常不容易的。

由木心"在自己的身上克服这个时代"，我想到了教育。木心是通过自己锲而不舍的学习做到这一点的，那么，教育呢？真正的教育是不是也应该对时代的缺憾有所矫正？任何时代的教育都有其功利性的一面，即教学之初可能就预设了"为社会培养所需要的人才"的功利目的，但是，另一方面教育亦不可忽视其超越性，即教育活动之中一定要蕴含着矫正时代局限、缺憾的力量。功利性和超越性看似矛盾，实则是合二为一、和谐统一的，偏废任何一个，都会导致整个教育的失败。学校教育如此，家庭教育亦如此。

现在是一个比较浮躁、功利的社会，在教育活动中，人们也比较容易注重那些功利性的目的，而对教育的超越性认识不足，这其实不对。家长教导自己的孩子，除了督促他完成老师布置的作业，教给他相关的知识和才艺外，还要花时间和精力来矫正时代的缺憾。什么叫时代的缺憾？通俗地说，就是这个时代流行的一些坏毛病、坏习气。家长如果不注意，那么你的孩子就会容易沾染上一些流行的坏毛病、坏习气。有时，防止孩子受污染，比教会孩子一

227

自省

些才艺更重要。

　　这个时代流行的坏毛病、坏习气有哪些？不同的人可能看法不尽相同，但大体上我们仍然可列举如下：浮躁、奢华、虚荣、资讯泛滥……对这些，大家可能有基本共识。针对孩子的成长而言，我觉得现在的很多问题可概括为两个方面：物质营养过剩与精神营养匮乏。现在的孩子出生在改革开放之后、物质生活已经富裕的时代，他们没有吃不饱穿不暖的记忆，相反倒是很多孩子因吃得太好而成了"小胖墩"，当然在这个时代，很多成年人也因营养过剩而得了"三高"（高血压、高血糖、高血脂）。这就是流行的时代病。人们富裕了，物质不匮乏了，但却没学会必要的节制，一番山吃海喝之后，健康照样受损。最近有一项调查称，现在的很多初中男生，根本就做不出引体向上。可见，富裕的生活并不能天然地造就人们的健壮体魄。要想让孩子身体健康，从小就要帮助他养成健康的生活习惯。在这个问题上，我和妻子很早就注意了。我们从来不给儿子喝碳酸饮料，从来不带孩子吃烧烤，也不让孩子吃膨化食品，因为这些都对孩子的健康不利。我们提供给孩子的，就是馒头、米饭、凉白开和家常菜。毫不夸张地说，其他小孩吃的不少稀奇古怪的食物，儿子连见都没见过，遑论吃过了。坚决不吃垃圾食品，这是我们"灌输"给儿子的一条最重要的健康理念，时间一长，儿子自己也养成了习惯，绝对不吃垃圾食品。这样一来，他的身体就非常健康，外出爬山游玩，体能也不输大人。

在精神方面，我们也对儿子做了一些"防止精神染污"的工作。比如，我们不看电视，为的就是怕儿子看连续剧上瘾（现在的一些"狗血"连续剧，确实不适合小孩观看）；我们也极少带着儿子去参加成年人的饭局，成年人聚餐，大多抽烟喝酒，"吹牛放炮"，小孩子置身其中，亦于身心不利。这一点，可能有些家长与我的看法不一样，他们认为带孩子去参加大人的聚会恰恰可让孩子"见世面"，这也不能说没道理，但我总觉得小孩子太多地参加成人聚会，弊大于利。当然，对此我们也不妨见仁见智。

一句话，这个时代有一些不好的倾向，我们要防止它们传染给孩子，就要做许多"预防工作"。教育，除了启发、开发的功能外，还有一个矫正的功能。从小就要教育孩子走正路，堂堂正正做人，而不可随波逐流、同流合污。

妈妈先淡定

前几天，一个朋友跟我说，他最近正在为买不买学区房的事所苦恼。他的小孩快上幼儿园了，老婆想让孩子上一所比较好的小学。要上那所小学，现在就得买那里的学区房。可是，学区房价格不菲，每平方米一万七千多元，且房子

229

自省

还很旧。这位朋友并不在阿里巴巴供职，不属于马云手下的千万富翁，没那么多的钱，另外，也觉得花这么多的钱买学区房有点不值。可是，不让孩子上名校，老婆又心中不甘。对外拿不出买学区房所需的钞票，对内又安抚不了老婆那颗纠结的心，于是，他只好跟老婆一块纠结了。

　　人生肯定会面临许许多多的选择。我的感觉，选择这事有时有对错，有时无对错，但若你为选择而纠结，那这事多半会出了错——纠结本身就是错。人生种种，要么提起，要么放下，最怕的就是纠结。纠结是一种生命被卡住的状态，这个状态最差。以这种拧巴的心去做事，很少能取得预期的效果。基于这种理念，我就向这位朋友建议，千万别纠结，要么毅然决然地买下学区房，要么就干脆放弃这种想法。

　　然后我还告诉他，不行就买我所住小区的房子，这里的房价便宜，山清水秀，空气清新，有利于孩子的身体健康，也有小学，教育质量也不错，就是远离市区。他说，我看到你们小区也有点心动，只是怕我老婆想不通。

　　此事是在闲聊中提及的，可那位朋友的表情和口气在我的脑海又反复出现过两次，于是，我就想起了这篇文章的标题：妈妈先淡定。先声明，妈妈在这里就是家长的代名词，如果女性朋友觉得不舒服，也可将其换成爸爸。家长总想把最好的东西给孩子，想让孩子少受苦，想上孩子上名校，想上孩子尽快地出类拔萃。可能因为爱之太甚，家长也就往往淡定不起来：别人的孩子上了名校，我的孩子上不了，这不一下子就输在起跑线上了吗？别人的孩子那么优秀，我的孩子却很普通，将来再考不上大学怎么办？……凡此种种，担心多多。

我要说的是，很多担心其实是没必要的。《圣经》上说："不要为明天忧虑，因为明天自有明天的忧虑。一天的难处一天担当就够了。"耶稣这话很有智慧，孩子才刚上幼儿园，家长就为他将来能否上大学而担忧，这岂不是过分焦虑？整天担心这个，担心那个，心老是不踏实，如何能淡定？教育孩子涉及的问题千头万绪，但首先就是家长要淡定，因为淡定是一切正确选择和智慧做法的前提条件。若家长焦躁不安、忧心忡忡，心态先偏差了，后面的很多做法随之也会"技术变形"。

结论：妈妈先淡定，淡定比学区房还重要。

"好妈妈胜过好老师"，这话是真的。所以，说一千道一万，先做个好妈妈最重要（这里的妈妈同样是家长的代名词），而好妈妈的第一条标准我看就是淡定。淡定下来，别盲目攀比，也别随波逐流，才能理性地选好最适合自己孩子的学校；淡定下来，心平气和地面对孩子学习、成长中遇到的各种问题，才能找到恰当的解决之道。

自省

🌧 爸爸早回家

如果用孩子的眼光看当今家长的普遍特点，他们会怎么说？"妈妈爱逛街购物，爸爸爱喝酒应酬。"这恐怕是很多孩子的共同心声。我曾写过一篇《妈妈先淡定》的文章，给妈妈提完了建议也得谈谈爸爸，思来想去，我对诸位爸爸的建议就是：爸爸早回家。

现在的社会，一些爸爸应酬颇多，应酬的原因有时是为了工作，有时是为了升迁，有时是为了面子。每次应酬似乎都有足够的理由，可实际上这里面有一种习惯性的力量。大家仔细想想就会发现，并不是每一次应酬都是必须的，好多应酬是可去可不去的。可是，很多人习惯了应酬，所以在面对可参加可不参加的酒局时，他们仍然会选择参加。你参加的酒局越多，你被别人邀请参加酒局的机会也就越多。参加酒局的时间多了，你回家陪孩子、教育孩子的时间必然就少了。

其实，父亲多拿出时间和精力来陪伴孩子是非常重要的。我们想想吧，孩子上幼儿园的时候，幼儿园的老师是女的，上小学的时候，小学里的绝大多数老师也是女的，到了初中，还是女老师多。不是说女老师不好，而是要想到，正因为孩子跟女性打交道的时间太长了，才更需要爸爸这个成年男性多带一带，以取得教育方面的某种平衡。湖南卫视有一档节目《爸爸去哪儿》，这个节目一度有不俗的收视率，我看就因为它点中了爸爸在家庭教育中几近缺位的现实。肯花时间和精力带孩子的爸爸不多，愿意放弃酒局回家陪孩子的爸爸也很少，这就造成了爸爸和孩子关系的疏离——一方面，不少爸爸不会带孩子，另一方面，孩子也因与爸爸相处的时间太少而没有建立起足够的默契。

现代教育学和心理学都证明，若孩子在成长的过程中长期处于"爸爸缺失"的状态，那么他就容易形成多愁善感、性格懦弱、胆小怕事、性格孤僻以及自卑等弱点。如果爸爸经常与孩子相处，并在家庭教育中扮演重要角色，那么成年男性坚韧、果断、自信、豪爽、独立等特点就会在潜移默化中影响到孩子，成为孩子成长中精神的正能量。因此，爸爸们必须认识到，不能光忙于在官场、职场、商场上打拼，还应该在家庭中做个好丈夫、好父亲。怎么做到这一点？我看第一条就是：早回家。只有让孩子在家庭中经常看到父亲的身影，他们才能对父亲有足够的亲近感和认同感。爸爸也只有多跟孩子交流，才能摸到教育孩子的门道。

家庭教育本来就该是温馨的，活泼的，其乐融融的，可是，爸爸若经常不回家吃晚饭，你对孩子施加教育和影响的机会也就丧失了。想象一下，爸爸回到家的时候要么孩子睡了，要么孩子看到的是一个酒气熏天、醉眼蒙眬、醉话连篇的老爸，一旦这样的场景成为常态，那老爸在孩子心目中还

自省

能保持良好的形象吗？你对孩子的教育又从何谈起呢？

我以前上班的时候也参加过酒局，也应酬过一些场面。不过我发现，应酬酒局其实是一件很累的事，对身体和心灵都没太大的好处。且不说酒席上的大鱼大肉会导致营养过剩、诱发"三高"，就是酒桌上的那些言谈也多半当不得真。后来，我戒了酒，绝少参加应酬，下班就回家，原来应酬酒局的时间都用来读书、写作及教育儿子。再后来，我干脆辞职，成了一个全职爸爸。每天送儿子上学，接儿子放学，给孩子做饭，教儿子读诵传统经典。带儿子之余，我再读书，写作。这番经历使我深刻认识到，男人与其天天流连于酒局，忙于应酬，反不如多拿出时间和精力陪陪孩子。教育孩子是一件"至要"之事，当爸爸的岂可忽视？因此，我强烈建议，爸爸们应尽量早回家，在家里做一个好丈夫、好爸爸，以给孩子树立一个可感可触的优秀男人的榜样。"身教胜于言教"，一个顾家的好爸爸对孩子身心的健康成长绝对是大有裨益的。

不唠叨也是一种功德

很多人看过电影《大话西游》，其中有一个耳熟能详的唐僧喋喋不休的桥段。这个桥段之所以给人留下深刻的印象，就是因为它以极其夸张的方式讨伐了一些人唠唠叨叨叽叽歪歪的恶习。在中国，几乎每个人都有被唠叨的痛苦经历，只不过大家不是周星驰饰演的孙悟空，不敢对唠叨者大打出手，也不大可能做倒地翻滚之状。为什么会造成这种情况？原因很简单：曾被唠叨所折磨的人，当角色转换之后，他也会变成唠叨者，继续去折磨别人。比如，许多员工都很讨厌领导开会时唠叨，可当这些员工熬上领导后，他们也会唠叨。不少孩子都嫌老妈唠叨，可是当这些人生儿育女之后，他们仍会走老路，变成唠叨的家长。

问题来了，曾对唠叨深恶痛绝的人，在自己做了家长之后，为什么不想法止住恶性循环，别再唠唠叨叨？佛经中说："善护口业，不讥他过；善护身业，不失律仪；善护意业，清净无染。"这是告诫人们要守好"身、语、意"，做到"三业清净"。不在背后说他人坏话，不挑拨是非，是积口德，有功德。在我看来，不唠叨本身也要算一种功德——当领导的不唠叨，员工的耳根就能多一会儿清净；当妈妈的不唠叨，孩子的耳根就清净许多。

可惜的是，很多妈妈常常把唠叨当做是叮嘱，是关爱。你说她唠叨，她觉得比窦娥还冤——我是因为爱孩子，不放心才反复叮嘱的。其实，唠叨的认证权根本不在说话者一方，而在听者一方。妈妈是不是唠叨，孩子最清楚；领导是不是唠叨，下面员工的心里有杆秤。若感觉这么说太模糊的话，也可总结出唠叨的几个特点：重复，无效，负面，

自省

对他人造成心理干扰。

　　唠叨是不出于恶意，但却是一种让人非常不舒服的习惯，因为唠叨者从来不顾及他人的感受，只为了自己"快乐嘴"，很多话说顺了嘴，不经大脑，脱口就出。比如孩子考试一出错就说孩子"不认真，马虎"；孩子做事一旦不顺自己的心意，就说孩子不听话。不但私下里对孩子唠叨，而且遇见亲戚朋友也唠叨，一点不顾及孩子的面子。家长不顾及孩子的面子，孩子的自尊心和责任感都会受到打击。时间长了，连亲子关系都会受到损害。另外，几句话翻来覆去地说，整天往孩子的耳朵里灌，孩子不想听但又躲不过，就只好选择"一只耳朵听，一只耳朵忘"的策略，慢慢地，孩子也就不把你的话当回事了。

　　说到底，唠叨是一个人不善于控制自己情绪的表现，属于不"善护口业"的行为。家长若长期不改掉这个习惯，孩子就会被家长唠叨得心情烦躁。家长反复唠叨，指责孩子，甚至还时不时拿别人家孩子的优点来衬托自己孩子的缺点，这在家长一方犯了攀比的毛病，在孩子一方则使其"很受伤"，甚至变得"破罐子破摔"。

　　爱唠叨可能是很多女人的天性，就像领导讲话总爱长篇大论一样。要彻底改变这种情况确实困难，可是，为了孩子的健康成长，我觉得家长还是要"善护口业"，至少也得控制一下，别再没完没了地唠叨了。

点赞，还是差评

上周，老家的一个亲戚加了我的微信，她上来就问我："我家的孩子不爱学习，你说咋办？"然后，不待我询问，就先把儿子控诉了一番，比如"不知道主动学习，必须我监督着他，他才做作业""脑瓜倒是很聪明，学习成绩也好——要是不好，我也就不管他了。你说，他要不及早养成主动学习的习惯，那到了初中、高中还能跟上吗？""我为他付出了这么多，他为什么就不听话呢？"，等等。

我不是第一次遭遇"妈妈控诉儿子（女儿）"的谈话模式，而是遇到过很多与这位妈妈类似的情况。我的一个基本经验是：给孩子差评太多的父母，往往家长的问题比孩子还要多。喜欢给孩子差评的家长，往往是把自己对生活的不满、对前途的焦虑转嫁到了孩子身上——直接地说，孩子本来没那么差，可在感觉生活很差的家长那里，他们硬是被点了"差评"。那些情绪激烈地控诉孩子的父母，往往不是因为孩子太差，而是因为家长自己太焦虑、太心急，太苛求孩子了。他们以自己心中虚构出来的"完美孩子"去比对自己的真实孩子，结果当然会发现自己的孩子"毛病太多"，处处不合自己的心意，于是就更加不满，生气，焦躁，唠叨，抱怨，

237

自省

严重的甚至还会打骂孩子。当发现上述手段失效之后，他们才想起咨询一下别人，但想的也是从别人那里学到一招，只要对孩子祭出此招，孩子便立马称心如意，迅速从"熊孩子"变成"好少年"。

《西游记》中，孙悟空不听话，唐僧一念紧箍咒就能把孙悟空制得服服帖帖、求饶不止。不少家长所急切求得的，可能就是类似唐僧紧箍咒这样的"法宝"。可问题是《西游记》本身就是小说，紧箍咒更是作家的一种想象，现实生活中哪里会有这样的事情呢？

孩子不爱学习，这是一个现象，可造成这个现象的原因却极其复杂，千差万别。我们若不把原因分析出来，就无法"对症下药"；孩子做作业磨蹭，这也是一个现象，造成这个现象的原因也各不相同；"孩子不听话"更是如此，他为什么不听话？如果大人说的话不正确、不靠谱，那孩子也一定得"听话"吗？

如果家长总是站在成人的角度去挑剔孩子，那是很容易成为孩子的"差评师"的。道理很简单，一个小学生即便很优秀，他的情商和智商也不太可能与三四十岁的成年人相提并论。孩子做事的速度和效率跟不上成年人是再正常不过的事。一张口算试卷，成人用三分钟做完是正常的，可能孩子就得用五分钟乃至十分钟才能做完；一篇三百多字的小作文，如果让我来写，大概十几分钟就能完成，可我九岁的儿子用半个多小时写完就已经不错了。我们一定要正视成人与孩子之间的这种差距，而不是以成人的标准去苛求孩子。很多家长认为自己的孩子磨蹭、拖拉，其实根本就不是孩子有问题，而是家长有问题——家长以成人的标准去要求孩子，这本身就不科学。

那些喜欢控诉孩子、给孩子差评的家长需要做的，不是学会某一招以让孩子"听话"、符合自己的心意，而是要学会换位思考。大家不妨多想想：我小时候真的就比孩子优秀吗？我小时候就喜欢做作业、爱学习吗？我小学的时候就能把房间收拾得井井有条吗？我一上手就能把作文写得特别棒吗？我从小就能管控好自己的情绪吗？我从小就懂得高效利用时间吗？我从小就做事不磨蹭吗？……我相信，没几个人能对上述问题都做出肯定的回答，极少数能对这些问题做出肯定回答的家长，他们也一定优秀到了能充分体谅孩子、不再给孩子差评的境界。

对孩子的具体表现该如何评价，当然应该实事求是，该表扬的表扬，该批评的批评，这一点毫无问题。但在对孩子的整体评估上，家长到底是该多给孩子点赞，还是不断地给孩子差评，确实是一个重要的分水岭。这看似是一个评价孩子问题，实则体现的是家长的眼

自省

光与气度。如果家长经常焦躁不安、气急败坏，那我估计他们就容易给孩子差评；如果家长经常气定神闲、从容不迫，那他们就会多给孩子点赞。多给孩子差评，亲子关系变差乃至孩子真的变差的几率就会大大增加；多给孩子点赞，家长就能从孩子身上找到许多优点，并由此激活出孩子身上的优质潜能。

莫让家教变成"软家暴"

2015 年 8 月 3 日的《北京晚报》刊登了一则与家教有关的新闻让我很有感触。这篇报道称，北京协和医院的内分泌科门诊最近来了一个 10 岁的小男孩儿。他的妈妈很担心：8 岁前孩子每年长 8 厘米左右；8 至 9 岁时，只长 5 厘米；9 至 10 岁时，一年身高就增加了 2 厘米。同时，孩子食欲下降，睡眠也不好，可做检查没发现问题。医生诊断后的结论是，孩子"不长个"的原因与学习压力太大了有关。这名叫张昱的医生称，现在公众都知道身高与遗传、营养、内分泌腺体功能等各种因素有关，但很多人不知道心理因素也会影响孩子的生长发育。在极大的心理压力下，本来正常生长发育的孩子生长速度开始减慢。医生在和这对母子聊天时发现，儿子对母亲有明显的"敌对"情绪，他和医生说得最多的就是：我最恨妈妈。而妈妈也觉得很委屈：

自打儿子上小学后，她就辞职在家，天天督促儿子学习。

应该说，压力大到让正常发育的小男孩"不长个"，这肯定是特殊的个案，但类似的情形具有相当的普遍性。现在的社会，"压力山大"几乎成了一种普遍的现象，连孩子也不例外，而过大的压力确实是一种让生命受损的"负能力"。这一点，我在自己儿子的身上也有体会。我儿子学习成绩不错，学校里的考试一般都能过关。我和妻子也不太在意他的考分，还曾经向他承诺，绝不会因为他考分低惩罚他。可即便如此，每学期到最后要考试的两三周，你还是能感觉到他有压力：不愿意做模拟试卷但又不得不做，他变得焦躁，不如平时稳定，也不如平常快乐。等考完试，各科都通过了，放假了，他立马又精神焕发，自己看书的效率也高了，跟你谈起他感兴趣的话题时也能眉飞色舞了。2015 年的暑假，刚刚放假一个月，我就看着他"疯长"，个子和体重都有明显增长。我感觉，这跟他彻底放松，生活得愉悦开心很有关系。医生说心理因素会影响孩子的发育，这个我信。

心理因素对孩子成长极其重要，这让我想起佛家名言"常生欢喜心"。孩子学习是一种修行，家长教子也是一种修行。你修行得对不对路？其中的一个重要指标就是看你是否"常生欢喜心"，若是还好，若不是肯定有问题；看一个修行人是不是靠谱，也要看他是"常生欢喜心"还是"常

241

自省

生烦恼心"。怎么才能"常生欢喜心"？挂碍少才能生起"欢喜心"，若挂碍太多，如何欢喜得起来？很多问题其实就出在这里。现在，家长都重视孩子的教育，生怕孩子在学习上落后，"输在起跑线上"。在这种心理的支配下，家长天天督促孩子学习也就成了一种"应急反应"。殊不知，这种看似正常的"天天督促"实则极容易演化为控制和催逼，而这恰恰是家庭教育的反面。

教育是激活，是引导，是关注和鼓励，也是点拨与矫正，但绝不能搞成控制和催逼。控制和催逼是人际关系中极为恶劣的互动，再亲近的关系也经不住这两件"核武器"的打击。上司控制和催逼下属，那下属轻则牢骚满腹，重则选择出走和背叛；恋人之间动用控制和催逼，那曾经的花前月下就极容易演变成黯然分手；夫妻之间动用控制与催逼，那婚姻的基石也会松动乃至坍塌；同理，家长对孩子动用控制与催逼，那孩子就会回报给家长冷漠和"敌对"。家长感到委屈也没有用，因为你在不断动用控制和催逼之时，自己正走在由亲妈变后妈的路上。亲妈变后妈的家教，不是好的家教，在某种意义上说，它是打着家教之名的"软家暴"。

"软家暴"是我硬造出来的词，我知道有不少家长习惯于控制和催逼孩子，我也知道这种家教很不好，所以就"动用"了这么一个新词，为的是引起大家的足够重视。

本章小贴士

1. 能生孩子只能证明你的生育功能没问题，不能一并保证你天然能做个好妈妈、好爸爸。要做一个好妈妈、好爸爸，那也是需要学习的。

2. 做家长的在不断进步，孩子自然会听你的话，会跟着进步。

3. 孩子表现出来的很多毛病，看似是具体的问题，实则可能是他头脑中某种错误观念的反映，如果家长能帮助孩子转变观念，问题自会药到病除。

4. 家长不焦虑，孩子减压力，这才是家教的王道。不焦虑才能淡定，淡定之后才能冷静；冷静地观察和分析，才能对症下药、因材施教。

5. 人生种种，要么提起，要么放下，最怕的就是纠结。纠结是一种生命被卡住的状态，这个状态最差。以这种拧巴的心去做事，很少能取得预期的效果。

6. 每个爱唠叨妈妈的背后，都有一个不堪其扰的悲摧孩子。

7. 教育是激活，是引导，是关注和鼓励，也是点拨与矫正，但绝不能搞成控制和催逼。控制和催逼是人际关系中极为恶劣的互动，再亲近的关系也经不住这两件"核武器"的打击。

自省